Linguagens na escola: práticas de leitura
compartilhada e narrativas escritas

© Soraia Romano-Soares, 2012

Romano-Soares, Soraia
    Linguagens na escola: práticas de leitura compartilhada e narrativas escritas / Soraia Romano-Soares – São Paulo: SESI-SP editora, 2012.
(Prata da casa. Programa Publique-se SESI)
    240 p.

    ISBN 978-85-8205-012-5

    1 .Linguagem 2. Produção textual 3. Ensino fundamental I. Título

CDD – 372.4

Índices para catálogo sistemático:
1. Linguagem
2. Produção textual
3. Ensino fundamental
Bibliotecárias responsáveis: Elisângela Soares CRB 8/6565
                Josilma Gonçalves Amato CRB 8/8122

S<small>ESI</small> -SP Editora
Avenida Paulista, 1313, 4º andar, 01311 923, São Paulo - SP
F. 11 3146.7308 editora@sesisenaisp.org.br

Soraia Romano-Soares
Linguagens na escola: práticas de leitura compartilhada e narrativas escritas

SESI-SP editora

Conselho editorial
Paulo Skaf (Presidente)
Walter Vicioni Gonçalves
Débora Cypriano Botelho
Neusa Mariani

Prata da Casa

Editor
Rodrigo de Faria e Silva

Editoras assistentes
Juliana Farias
Ana Lucia Sant'Ana dos Santos

Capa e projeto gráfico
Paula Loreto

Apoio
Valquíria Palma
Carol Ermel

Diagramação
Rafael Teixeira

Revisão
Entrelinhas Editorial
Gisela Carnicelli

Projeto desenvolvido em parceria com a Divisão de Educação do Sesi-SP, sob a diretoria de Fernando Antonio Carvalho de Souza.

Dedicatória

Para meus pequenos Carolina e Henrique, responsáveis por momentos especiais em todos os dias.

Agradecimentos

Agradeço à orientadora e amiga Professora Dra. Maria Silvia Cárnio, por toda dedicação e carinho, e também por incentivar, apoiar e confiar sempre.

Ao contrário, as cem existem.

A criança
é feita de cem.
A criança tem
cem mãos
cem pensamentos
cem modos de pensar
de jogar de falar.
Cem sempre cem
modos de escutar
as maravilhas de amar.
Cem alegrias
para cantar e compreender.
Cem mundos
para descobrir.
Cem mundos
para inventar.
Cem mundos
para sonhar.
A criança tem
cem linguagens
(e depois cem cem cem)
mas roubaram-lhe noventa e nove.
A escola e a cultura
lhe separam a cabeça do corpo.

Dizem-lhe:
de pensar sem as mãos
de fazer sem a cabeça
de escutar e não falar
de compreender sem alegrias
de amar e maravilhar-se
só na Páscoa e no Natal.
Dizem-lhe:
de descobrir o mundo que já existe
e de cem
roubaram-lhe noventa e nove.
Dizem-lhe:
que o jogo e o trabalho
a realidade e a fantasia
a ciência e a imaginação
o céu e a terra
a razão e o sonho
são coisas
que não estão juntas.

Dizem-lhe:
que as cem não existem
A criança diz:
ao contrário, as cem existem.

                Loris Malaguzzi (Tradução: Dayse Batista)

Apresentação

Esta pesquisa, desenvolvida de acordo com os pressupostos da pesquisa-ação, teve como objetivo analisar os benefícios de dois Programas de Produções de Narrativas Escritas, em escolas da terceira série do ensino fundamental. Para a amostra, foram selecionadas 60 escolas de duas classes da terceira série de uma mesma instituição estadual de São Paulo. Foram programados encontros semanais, em um total de quatorze, sendo utilizada uma história de livro infantil por semana. Para a primeira turma (grupo A), a pesquisadora contava a história selecionada e para a segunda turma (grupo B), a mesma história era lida, compartilhando a leitura com a classe por meio do recurso audiovisual, enfatizando a marcação de diálogos por meio da entonação e prosódia. Em seguida, cada estudante produzia uma narrativa escrita com base no tema presente no texto apresentado. Antes e após a realização do Programa de Práticas de Narrativas Escritas, os escolares desenvolveram produções escritas livres, a partir de um tema proposto. As produções escritas foram analisadas qualitativa e quantitativamente, o que caracterizou em uma pesquisa mista. Foram adotados os critérios das competências comunicativas (genérica, enciclopédica e linguística), adaptados do linguista francês Maingueneau (2002). Os dados foram classificados e comparados nos momentos inicial e final do programa e receberam tratamento estatístico. Observou-se que, em ambos os grupos, os alunos apresentaram evolução na produção de narrativas. Na comparação entre os programas, os dois grupos mostraram progressos; o grupo B apresentou maior evolução estatisticamente significante, no desempenho dos sujeitos, nas três competências comunicativas analisadas, com destaque para a competência linguística.

Todos os estudantes se beneficiaram dos programas, inclusive aqueles que apresentavam dificuldades para elaborar narrativas escritas. Conclui-se que o programa de leitura compartilhada dos livros infantis constitui-se em uma estratégia mais eficiente para auxiliar o estudante a desenvolver melhores produções escritas, pois além ser um evento de exposição ao letramento, conta com recursos prosódicos que exploram a complexidade linguística, necessária para motivar o estudante a envolver-se com a leitura e a produção textual.

Palavras-chave: fonoaudiologia escolar; linguagem; complexidade linguística; produção textual; ensino fundamental.

Dissertação apresentada no ano de 2007 à Faculdade de Educação da Universidade de São Paulo – FEUSP, para obtenção do título de Mestre em Educação.
Área de concentração: educação especial.
Orientadora: Professora Dra. Maria Silvia Cárnio.

Sumário

1. Introdução 11
2. Fundamentação teórica 23
2.1 Relações entre oralidade e escrita 23
2.2 O trabalho com oralidade e escrita na escola 28
2.3 Letramento social e escolar 32
2.4 Gêneros discursivos e produção de textos na oralidade e na escrita 38
2.5 O uso de histórias no cotidiano escolar e a prática de produção de narrativas escritas 45
2.6 Reflexões sobre a parceria do fonoaudiólogo e do professor na fonoaudiologia escolar 52
2.7 Distúrbios específicos de leitura e escrita 57
3. Método 62
3.1 Delineamento da pesquisa 62
3.2 Caracterização da escola 64
3.3 Caracterização dos estudantes 65
3.4 Materiais 70
3.4.1 Entrevista com os pais 70
3.4.2 Avaliações iniciais e finais dos estudantes 70
3.4.3 Contato com as professoras 71
3.4.4 Programa de Promoção de Narrativas Escritas 71
3.4.5 Uso geral 73
3.5 Procedimentos 73

3.5.1 Seleção dos sujeitos 73
3.5.2 Coleta de dados junto aos pais e/ou responsáveis 76
3.5.3 Coleta de dados junto às professoras 77
3.5.4 Coleta de dados das avaliações 78
3.5.4.1 Avaliação inicial 78
3.5.4.2 Avaliação final 79
3.5.5 Programa de Promoção de Narrativas Escritas 80
3.5.5.1 Seleção dos livros de histórias 80
3.5.5.2 Encontros semanais 80
3.6 Critérios para análise de dados 95
3.6.1 Avaliações iniciais e finais 95
3.6.2 Produções dos Programas de Promoção de Narrativas escritas 100
4. Resultados e discussões..103
4.1 Letramento dos estudantes 103
4.2 Letramento dos familiares dos estudantes 112
4.3 Caracterização dos grupos e de suas professoras 120
4.3.1 Grupo A – Turma da manhã 120
4.3.2 Grupo B – Turma da tarde 123
4.3.3 Algumas considerações sobre os grupos 126
4.4 Comparação entre avaliação inicial e final 132
4.4.1 Análise das competências comunicativas 133
4.4.1.1 Análise da competência genérica 133
4.4.1.2 Análise da competência enciclopédica 136
4.4.1.3 Análise da competência linguística 138
4.4.1.4 Análise global das competências comunicativas........141

4.4.2 Análise das narrativas de estudantes do grupo A 144
4.4.2.1 Classificação regular 144
4.4.2.2 Classificação médio 149
4.4.2.3 Classificação ótimo 154
4.4.3 Análise das narrativas de estudantes do grupo B 159
4.4.3.1 Classificação regular 160
4.4.3.2 Classificação médio 165
4.4.3.3 Classificação ótimo 171
4.5 Algumas considerações sobre o desempenho
dos grupos 178
4.6 Programas de Promoção de Narrativas Escritas 182
4.7 Estudantes com dificuldades para produzir textos 185
5. Considerações finais 188
Referências bibliográficas 193
Anexos 206
Apêndices 225

1. Introdução

Contar e ler histórias para crianças sempre foi uma prática muito interessante para mim, que se iniciou muito antes de minha formação em fonoaudiologia. Em 1990, iniciei meu primeiro estágio, como estudante do magistério, em uma escola especializada em estudantes portadores de necessidades especiais. Na tentativa de estabelecer um maior contato com eles, eu utilizava as histórias infantis para conseguir a atenção e melhorar o entrosamento com esses sujeitos. Desde então, percebi que trazer histórias para o cotidiano das crianças era bem mais do que entretenimento, e que cada enredo contribuía de forma positiva para a produção escrita de novas histórias. Nesse contato, conheci melhor e me interessei pelo trabalho fonoaudiológico, e pelas conquistas obtidas com o tratamento daqueles estudantes. Ao terminar o curso de magistério, iniciei o de fonoaudiologia, para buscar uma melhor compreensão na relação entre saúde e educação.

No segundo ano da graduação, tive a oportunidade de iniciar meus primeiros passos na área de fonoaudiologia escolar, enquanto pesquisadora de iniciação científica (Bolsa Fapesp), sob orientação da professora doutora Scheila Maria Leão Braga. O projeto de pesquisa desenvolvido tinha por objetivo acompanhar crianças no processo de alfabetização em uma escola estadual e observar a contribuição do trabalho fonoaudiológico por meio de programas específicos de estimulação para os estudantes. Particularmente, para as crianças que apresentavam dificuldades no aprendizado de leitura e escrita, era gratificante notar que o contato mínimo com o grupo de fonoaudiólogas auxiliava na conquista de avanços no processo de aprendizagem.

Os estudos, concretizados nos períodos em que fiz iniciação científica e aprimoramento profissional, fascinaram e direcionaram-me para ingressar no mercado de trabalho como fonoaudióloga na área da educação. Atualmente, realizo um trabalho de Promoção de Saúde em Fonoaudiologia Escolar, na rede de ensino do Serviço Social da Indústria, que abrange o polo da região metropolitana do Grande ABC, de São Paulo.

Durante esses anos em que atuei na escola, observei as diversas variáveis do processo de aprendizagem da escrita e o quanto é difícil, na maioria das vezes, encontrar caminhos para se atingir os objetivos direcionados e conseguir auxiliar de forma específica cada dificuldade apresentada pelos estudantes, sem rotular ou discriminar.

Em 2003, percebi a necessidade de aprimorar meus conhecimentos por meio de pesquisa e aprofundamento nos estudos sobre produção de texto e transtornos de leitura e escrita em crianças e, para tanto, decidi iniciar meu curso de mestrado em educação na área temática de educação especial.

No tempo desse curso, procurei fundamentar meus estudos participando de um estágio coordenado por minha orientadora, no qual fiquei responsável pela supervisão do Programa Escola, com um grupo de estudantes de graduação do curso de fonoaudiologia. Esse programa promove uma real parceria entre a saúde e educação, propõe facilitar a aquisição da leitura e da escrita e a prevenção de seus distúrbios, além de realizar um trabalho em parceria com a escola (diretoria, coordenação pedagógica e professores dos anos iniciais do ensino fundamental e com as famílias dos estudantes envolvidos).

O contato diário no convívio escolar e o trabalho fonoaudiológico focado na linguagem dos estudantes levaram-me à reflexão de algumas características em relação à oralidade e produção da escrita. Por que a maioria dos estudantes utiliza-se de frases curtas, mal estruturadas e sem elementos coesivos em sua produção escrita? Por que, no texto escrito, eles apenas descrevem ações simples e desconectadas, se ao contar coloquialmente um fato, o fazem com tantos detalhes, utilizam verbos no passado e apresentam o enredo em uma sequência lógico-temporal? Por que evidenciam dificuldades para iniciar uma história, promover uma trama e concluir um desfecho de modo coerente? Por que os estudantes não demonstram motivação para ler? Será que falta o modelo do leitor em casa? Até onde a televisão ocupa o espaço da leitura? Como o contato com livros e histórias pode auxiliar o estudante que apresenta dificuldades com a leitura e a escrita? Como a escola trabalha com as linguagens da criança?

Diante de todas essas indagações, encontrei a necessidade de pesquisar um modo de trabalhar a produção de textos com estudantes, que pudesse incentivar as diferentes linguagens que a criança traz consigo, e as quais, muitas vezes, a escola não valoriza. Para tanto, procurei verificar qual é a forma de contato com histórias que auxilia mais o estudante a produzir novos textos, comparando o conto coloquial de livros com a leitura compartilhada de histórias, utilizando-se de recursos visuais e prosódicos.

Optei por adotar tais recursos diferenciados, uma vez que escolares com dificuldades de aprendizagem ou possíveis distúrbios de leitura e escrita apresentam falhas primordiais que interferem no modo de expressar suas ideias e pensamentos. A simples narração de fatos acontecidos ou a exposição de seus questionamentos pode ser uma tarefa limitadora para os estudantes.

Nesta pesquisa, tem-se por hipótese que trabalhar com a pluralidade linguística, incentivando e valorizando as diferentes formas de linguagem da criança, poderá auxiliar os estudantes na produção de textos escritos de forma mais efetiva do que se for empregada uma linguagem única.

A prática escolar com o uso de histórias e a motivação para produzir narrativas escritas pode interferir de modo positivo no processo de aquisição da leitura e da escrita, desmistificando o número excessivo de crianças encaminhadas para avaliações com especialistas.

Desse modo, esta pesquisa tem como objetivo geral:
- Analisar os benefícios de dois Programas de Produções de Narrativas Escritas, baseados na produção sonora, em estudantes do terceiro ano do ensino fundamental.

Por objetivos específicos, buscou-se:
- Analisar a produção escrita de estudantes do terceiro ano do ensino fundamental antes e após um programa de promoção em práticas de narrativas, com base no meio de produção sonora

e concepção discursiva oral (ouvir histórias de livros infantis contadas de forma coloquial);
- Analisar a produção escrita de estudantes do terceiro ano do ensino fundamental antes e após um programa de promoção em práticas de narrativas, com base no meio de produção sonora e concepção discursiva escrita (ouvir e acompanhar a leitura de histórias infantis com recurso visual de projeção do livro e ênfase prosódica);
- Comparar a produção escrita dos dois grupos antes e após os programas de promoção de práticas de narrativas escritas;
- Analisar a influência das diferentes práticas de narrativas escritas em crianças com dificuldades específicas na área e baixo desempenho na avaliação inicial.

Para efetivar o estudo, busquei uma fundamentação teórica, a qual foi dividida em sete tópicos para subsidiar os diferentes temas relacionados à pesquisa. Primeiramente, desenvolvi reflexões sobre a linguagem e foram apresentadas diferentes vertentes teóricas que estudam as relações entre a oralidade e a escrita. Na sequência, abordei como a escola trabalha a linguagem e a importância da complexidade linguística. No terceiro tópico, foram discutidas as questões do letramento social e escolar. No quarto, foram apresentados os diversos gêneros discursivos e como se desenvolve a produção de textos na escola. No quinto, realizei reflexões sobre a linguagem oral e escrita e o uso de histórias no cotidiano escolar. No sexto tópico, os trabalhos relacionados foram os do fonoaudiólogo e sua parceria com o professor na escola. No último tópico, abordei as dificuldades de aprendizagem e os distúrbios específicos de leitura e escrita.

Após a fundamentação, delineei e apresentei o método, incluindo os sujeitos, os materiais utilizados, procedimentos e os critérios de análise dos dados desta pesquisa. No capítulo de resultados e discussão foram apresentadas: as avaliações quantitativas e qualitativas dos grupos, tratadas estatisticamente; os exemplos de seis estudantes de cada nível, classificados em uma análise qualitativa mais pormenorizada; e as informações gerais sobre o trabalho realizado nos Programas de Práticas Narrativas. Na discussão, abordei a análise dos resultados, relacionada aos dados obtidos por meio das entrevistas com a família dos estudantes. Foi feita, ainda, uma análise qualitativa do desempenho de alguns estudantes, corroborando esses dados com a literatura existente, a fim de se apresentar considerações finais da pesquisa e as contribuições científicas para a fonoaudiologia em parceria com a educação. Ao término, relacionei as referências bibliográficas e todos os anexos e apêndices.

2. Fundamentação teórica

Neste capítulo serão apresentados alguns pressupostos teóricos sobre temas relacionados com o objeto de estudo da pesquisa, os quais foram subdivididos em sete tópicos com o intuito de se organizar uma síntese da literatura.

2.1 Relações entre oralidade e escrita

A oralidade e a escrita são duas práticas sociais que não podem ser restritas exclusivamente a um código, por isso, postular supremacia ou superioridade de alguma das duas modalidades é um equívoco, conforme preconiza Marcuschi (2003). Segundo o autor, as diferenças entre fala e escrita ocorrem dentro de um contínuo tipológico das práticas sociais de produção textual, com características próprias e analisadas na perspectiva de cada modalidade, e não constituem dois sistemas linguísticos diferenciados ou dicotômicos.

Em muitas situações de comunicação, a fala se aproxima da escrita e, em outras, a distância é maior. Durante muito tempo, os estudos na área da linguagem foram centrados em caracterizar e valorizar as diferenças e semelhanças entre fala e escrita, e dependiam da concepção teórica adotada.

A relação entre oralidade e escrita como distinção e até superioridade da escrita é descrita por Gillan e Johnston (1992), que denominam a linguagem oral e a escrita como sistemas simbólicos complexos formados por características distintas. A escrita tem por base a linguagem acadêmica, vista com maior importância do que a oral, que é mais primária e anterior. Essa supremacia, segundo os referidos autores, pode ser facilmente exemplificada por meio dos textos escritos desenvolvidos de forma mais coesa e organizada do que nas exposições orais.

Para Miller e Weinert (2003), a língua escrita difere da fala espontânea, em que as construções mais complexas não aparecem na fala informal, assim como não é possível usar em um texto escrito aquilo que registramos no cotidiano da fala informal espontânea, pois a sintaxe da língua oral é muito diferente. A quantidade de sintagmas por proposição é menor na fala do que na escrita; em aproximadamente 60 a 65% dos sintagmas nominais contêm pronomes e substantivos. Apesar das colocações, os autores não propõem uma dicotomia fundamental entre a fala e a escrita; eles apenas argumentam que existe um compartilhamento de muitas propriedades entre os dois sistemas.

Essa definição é complementada quando se admite que existe interferência de uma sobre a outra durante o desenvolvimento, conforme defende Parisse (2002). Mesmo por receber influência mútua, a separação entre a fala e a escrita é preconizada pelo autor, que acredita na distinção dos seus princípios e conhecimentos devido a propriedades estruturais no cérebro que são distintas para oralidade e escrita. As interferências entre língua oral e escrita apresentam-se durante todo o desenvolvimento quando a língua oral inicia a inclusão de alguns processos conscientes e a escrita torna-se mais automática e inconsciente.

Nessa concepção, a língua oral é basicamente inconsciente, aprimorada pelo coloquial, e a língua escrita é basicamente consciente e pode ser moldada de maneira adequada por regras não probabilísticas e por símbolos. Com base em estudos da linguística textual, Fávero, Andrade e Aquino (2003) enfatizam a existência de uma certa dicotomia e argumentam que a fala e a escrita são duas modalidades que apresentam distinções nos modos de aquisição, produção, transmissão, recepção e organização de estrutura. Entretanto, apesar de marcarem tais diferenças, as autoras declinam em não descartar a possibilidade de similaridades. O aprendizado das operações de transformação do texto falado para o escrito coloca-se como imprescindível para o melhor domínio da produção escrita, pois permite a percepção do indivíduo de como se constroem ou se formulam os textos. Do ponto de vista construtivista, Teberosky (2003) postula que é reducionista considerar a escrita como uma tecnologia que reorganiza profundamente o oral e não como um instrumento neutro de transição e continuidade.

No desenvolvimento contínuo, a escrita baseia-se na linguagem oral de modo diverso e nem sempre perfeito, fato que implica na forma de como ela funciona e nas similaridades entre ambas. Ao buscar a aproximação da língua oral com a língua escrita, Santos e Navas (2002a) desmistificam que o objetivo da escrita seja o registro da fala e caracterizam a função da escrita como parte de um sistema convencional que representa conteúdos linguísticos e transmite mensagens. As unidades de registro para escrita formam uma ponte com a oralidade e se fundem em unidades linguísticas maiores com função lexical e gramatical, provendo o acesso a todo vocabulário de uma língua.

Ao concordar com o conceito de que a escrita não resulta da fala, mas que ambas se complementam, Blanche-Beneviste (2003) critica o conceito reducionista que restringe a escrita a um simples instrumento de transposição da oralidade. Ela comenta que na escrita prevalecem qualidades formais e culturais que não aparecem na língua coloquial. Já Marcuschi (2003) concorda que a escrita não consegue reproduzir muitos fenômenos da oralidade, apresenta elementos próprios ausentes na fala, entretanto, a oralidade e a escrita são práticas sociais da língua que possuem características próprias, mas não suficientemente opostas a ponto de caracterizar dois sistemas linguísticos ou uma dicotomia. Ambas permitem a construção de textos coesos, coerentes com a elaboração de raciocínio abstrato, exposição formal e informal, variações estilísticas, sociais e dialetais.

Para Maruschi (2003), a oralidade apresenta uma vasta possibilidade de formas ou gêneros textuais fundados na realidade sonora, com diversos contextos de uso. No plano da modalidade oral, a fala se configura como produção textual discursiva e é caracterizada pelo uso da língua na sua forma de sons sistematicamente articulados e significativos, bem como os aspectos prosódicos, os quais envolvem, ainda, recursos de expressão (gestos, movimentos e mímicas). Ela é usada para designar atividades comunicativas e não se restringe ao plano do código.

A escrita apresenta um modo de produção textual discursiva para fins comunicativos por meio gráfico e configura-se como uma modalidade de uso da língua complementar à fala. Tanto para a fala como para a escrita, existe uma relação de forma mista e contínua desses gêneros, em que se dariam as mesclagens de modalidades por meio da intersecção dos meios de produção e concepção discursiva.

Desse modo, para Marcuschi (2003), sob o ponto de vista sociointeracionista, fica claro o equívoco de muitos autores, que consideram a fala como dialogada e a escrita como monologada. Segundo o autor, a distribuição das modalidades é muito mais complexa e se realiza de modo heterogêneo (múltiplas formas de manifestação), variável (dinâmico, suscetível a mudanças), histórico e social (fruto de práticas sociais e históricas) e indeterminado (sob o ponto de vista semântico e sintático, submetido às condições da produção), que se manifesta em situações de uso concreto como texto e discurso.

A oralidade jamais será extinta e sempre será, junto da escrita, um grande meio de expressão da atividade comunicativa, sendo inadequado distinguir qualquer divisão ou antagonismos, à medida que são duas práticas sociais que não fazem parte de dois polos opostos.

Conforme observado, os pressupostos teóricos sobre a oralidade e a escrita não apresentam uma visão unificada. Esta pesquisa compactua-se com as ideias de Marcuschi (2003) quando o mesmo afirma sobre a existência de uma noção de continuidade entre a oralidade e a escrita em que o desenvolvimento da escrita pode ser acelerado com práticas baseadas no letramento escrito.

2.2 O trabalho com oralidade e escrita na escola

Nas relações sociais, a proeminência de uma comunicação efetiva constitui a base para troca e convivência nos grupos. Para auxiliar no desenvolvimento da linguagem oral, compete à família, e também à escola, estruturar e facilitar o aprendizado das diversas formas de interação comunicativa e, com isso, promover o preparo para o exercício da cidadania.

Com base no artigo 32 da nova Lei de Diretrizes e Bases da Educação (BRASIL, 2006), ficou explicitado que:

> [...] o desenvolvimento da capacidade de aprendizagem tem como objetivo o pleno domínio da leitura, da escrita e do cálculo; a compreensão do ambiente natural e social, do sistema político, da tecnologia, das artes e dos valores em que se fundamenta a sociedade; o desenvolvimento da capacidade de aprendizagem, tendo em vista a aquisição de conhecimentos e habilidades e a formação de atitudes e valores; o fortalecimento dos vínculos de família, dos laços de solidariedade humana e de tolerância recíproca em que se assenta a vida sócia. (Lei nº 9397, Título V, Capítulo II, Seção III. Acesso em 10 fev. 2007).

Assim, depreende-se que é reconhecida a importância dos valores sociais na educação escolar e que existe a necessidade da formação do indivíduo como cidadão, o qual valoriza a sua sociedade e promove a capacidade de ser apto a compreender e produzir a língua escrita.

A análise da nova LDB em conjunto com os Parâmetros Curriculares Nacionais (PCNs) (BRASIL, 2000) permite verificar que, apesar de não ser tarefa da escola ensinar língua oral, esta tem sua importância por estruturar o aprendizado e possibilitar ao estudante a preparação para o uso e reflexão sobre os múltiplos sentidos dos textos.

Com a prática significativa de produção oral e escrita aprende-se linguagem e, portanto, aprende-se a produzir um discurso que não acontece no vazio e se relaciona de alguma forma com o que já foi produzido.

Cabe à escola a responsabilidade de garantir a todos os seus estudantes o saber linguístico necessário para promover a capacidade de interpretar diferentes gêneros textuais, de assumir a palavra e produzir narrativas escritas eficazes nas mais variadas situações (BRASIL, 2000).

Ao enaltecer a língua oral, os Parâmetros Curriculares Nacionais não propõem um verdadeiro incentivo à linguagem oral. É notório observar nas escolas a primazia ao escrito, e esta conduta é ratificada e apoiada pelos próprios pais, que desde a pré-escola exigem, mesmo que de modo velado, o recebimento da pasta de atividades da criança. Aguarda-se pelo registro escrito de atividades feitas na escola, principalmente nas escolas particulares.

Diferente das expectativas das escolas e das famílias brasileiras, as escolas pré-primárias da cidade de Reggio Emilia, no nordeste da Itália, incentivam o desenvolvimento intelectual das crianças por meio de um foco sistemático sobre a representação simbólica. De acordo com Edwards, Gandini e Forman (1999) a abordagem de Reggio Emilia encoraja as crianças da pré-escola à exploração do ambiente e expressão das muitas linguagens, como palavra, movimento, desenho, pintura, montagens, escultura, teatro, colagens, música, enfim, tudo o que envolve habilidade e criatividade, com a finalidade de promover programas educacionais de alta qualidade na primeira infância.

De acordo com Katz (1999), a prática das escolas de Reggio Emilia conduzem as crianças a comunicar suas ideias, sentimentos, entendimentos, sua imaginação e observações, por meio da representação visual de modo bem precoce. O trabalho centrado em uma representação realista e imaginativa inclui o incentivo à criança a tomar decisões próprias, que valorizem o diálogo e aumentem as possibilidades de um desenvolvimento linguístico adequado e sucesso no ensino posterior.

De modo adverso, na maioria das escolas brasileiras, esses preceitos são desconsiderados e o valor é direcionado às atividades realizadas no papel por meio único e exclusivo da escrita conduzida. Esse trabalho tolhe qualquer manifestação do estudante e o cerceia no treinamento da reflexão e argumentação. A falta de diálogo entre a linguagem verbal e escrita também é comentada por Martins (1994), que reconhece a omissão de grande parte dos professores brasileiros de língua portuguesa, durante as oportunidades de confrontar ideias, sensações e sentimentos com seus estudantes. Segundo a autora, essa postura ocorre provavelmente pelo fato de o professor não se considerar capaz ou por pensar que a intersecção entre as linguagens não é de sua competência.

As diferentes formas de manifestação da linguagem, apesar de terem grande valor em propiciar o aprendizado e serem objeto de estudo pelos educadores, não são itens reais do cotidiano pré-escolar e muito menos do ensino fundamental. O resultado da falta de diálogo entre as diferentes linguagens no cotidiano escolar é desastroso, na medida em que a escola privilegia somente a escrita como meio de estudo. O distanciamento das diversas maneiras de expressão da linguagem reduz o processo de aprendizagem e frequentemente resulta no desinteresse do escolar. Assim, concordo com as ideias de Amaral (2004), que identifica a linguagem do estudante como diferente da escola, sendo o aprendizado fora dos limites da instituição escolar – muito motivador e de maior interesse para o estudante que não encontra na escola a sua linguagem.

A linguagem da criança é envolvida pela diversidade de linguagens e, para Garcia (2000), educar não significa domesticar. A maioria dos projetos pedagógicos brasileiros considera como perda de tempo tudo o que não for aula formal com livros, dever de casa e uma avaliação muito severa, o que resulta na fragmentação e empobrecimento do processo educativo. Para a autora, a escola só teria a ganhar se convidasse seus alunos para buscar seus sentidos e assim aprender por meio da brincadeira, criações e pela exploração de tantas linguagens, que ousem romper com verdades definitivas e aprisionantes, que fragmentam o processo educativo.

Nesse contexto, a escola reduz as diferentes formas de linguagem e ignora toda vivência do estudante antes de ingressar na escola. A renúncia da tarefa da escola em trabalhar com diversos estímulos motores e expressivos limita a capacidade do estudante de promover uma aprendizagem que o motiva em buscar o conhecimento, conforme propõe Colello (2004), no que diz respeito a combinar a alfabetização com o brincar, por meio do jogo, estimulando o repertório motor, o trabalho com o corpo e a conquista das múltiplas linguagens.

2.3 Letramento social e escolar

O 5º Indicador Nacional de Alfabetismo Funcional (IPM, 2005) focalizou as habilidades e práticas de leitura e escrita da população jovem e adulta no Brasil e encontrou 26% da população analisada na classificação do nível de alfabetismo pleno.

Esse dado analisado isoladamente já pode ser classificado como alarmante, entretanto, se considerarmos outras variáveis, como anos de escolaridade, perceberemos a trágica situação em que se encontra o nível de alfabetização dos brasileiros. Segundo o indicador, o nível pleno – condição de alfabetização em que o indivíduo consegue estabelecer relações entre as informações lidas – compara e identifica fontes, e é conquistado por indivíduos que possuem mais de oito anos de escolarização. Tal realidade do ensino brasileiro, para mim, é lastimável, no qual mesmo com alguns anos de investimento, o estudante não consegue atingir seus objetivos de modo satisfatório. A escrita e a leitura, que deveriam ser objeto e meio de aprendizagem, resumem-se em apenas um instrumento de aquisição de conteúdos escolares, cuja realidade se encerra nos limites da própria situação escolar, na medida em que é distante da realidade das crianças e, por isso, cria-se um abismo entre a realidade social e o ambiente escolar. Mortatti (2004) corrobora esses dados quando afirma que o afastamento da maioria das crianças do uso efetivo da escrita e do acesso a práticas de letramento é resultado da artificialidade do ensino, que distancia o aprendizado da realidade do estudante.

Em relação ao letramento que se desenvolve na escola, Soares (2003) verifica e concorda que existem práticas essencialmente escolares que raramente serão exercidas fora do contexto de ensino e aprendizagem. A autora descreve eventos e práticas de letramento que surgem em circunstâncias da vida social, que são vividos e interpretados de forma natural, e que na escola se transformam em práticas de letramento, selecionados por critérios pedagógicos, com objetivos predeterminados, que visam à aprendizagem.

Essas relações entre o letramento aplicado na escola (letramento escolar) e o adquirido naturalmente na sociedade (letramento social) é objeto de estudo no mundo todo, segundo Soares (2004), devido à preocupação com as distorções que os eventos e práticas sociais possam sofrer ao se transformarem pelo crivo da escolarização. De outro lado, para a autora, essa questão é alvo de um paradoxo, pois também há uma correlação positiva notada: quanto mais longo for o processo de escolarização, maior será a participação nos eventos e práticas sociais que envolvam leitura e escrita.

Em meio a tais confrontos, muito ainda precisa ser refletido e pesquisado no Brasil. Soares (2000) verificou que em sociedades centradas na cultura escrita, tanto as crianças de camadas favorecidas como as das camadas populares convivem com práticas de leitura e escrita cotidianamente e vivem em ambientes de letramento. A diferença é que crianças das camadas favorecidas têm um convívio mais frequente e mais intenso com o material escrito e com práticas de leitura do que as crianças de camadas populares. Dessa forma, convivem com o material escrito e com a valorização deste ao compreenderem, desde a tenra idade, a função e a necessidade da utilização da escrita.

Ao valorizar a influência da escola nos eventos de letramento, Kaderavek e Sulzby (1998) verificaram que as habilidades de crianças em leitura e escrita são construídas e incorporadas desde cedo, e dependem da sua exposição em atividades que envolvam contato e discussão sobre a própria leitura e escrita.

Em um programa de intervenção de letramento para estudantes em idade pré-escolar proposto por Justice e colaboradores (2003), os estudantes realizaram atividades de estimulação em duas áreas distintas, mas altamente relacionadas à aquisição e desenvolvimento da linguagem escrita: consciência de idioma escrito e consciência fonológica. Eles observaram que a maioria das crianças adquire um grau de letramento antes mesmo de participar do processo de alfabetização formal e, ao avaliarem a eficácia de um programa após doze semanas da aplicação, os estudantes demonstraram maior facilidade em lidar com habilidades fonológicas e obtiveram ganho satisfatório em todas as provas reavaliadas.

Outro autor que valoriza a pré-escola como o lugar para reunir a vivência das crianças em relação ao ambiente letrado é Parisse (2002), que observa a continuidade do desenvolvimento da linguagem oral na fase pré-escolar e enfatiza a influência do desenvolvimento do letramento em uma relação de interferência e complementaridade entre os modos de linguagem, que serão trabalhados e promovidos no cotidiano escolar.

Ao discutir esse contato com a leitura, Terzi (1995) enaltece a facilidade da aprendizagem pela simples participação em eventos de letramento. Para a autora, o sucesso do aprendizado da escrita e a formação do leitor serão adquiridos por meio da exposição da criança em ambientes letrados cotidianos. Tal fato deve merecer a preocupação na fase pré-escolar, por meio de eventos intensos de estimulação, pois a exposição constante da criança à leitura de livros infantis e histórias de contos de fadas levará a expansão do conhecimento, bem como da estrutura textual e da escrita.

Em um trabalho com pesquisas dentro do modelo ideológico, Marcuschi (2003) enfatiza que existe uma continuidade entre a oralidade e escrita. Segundo o referido autor, as práticas de letramentos envolvem toda a produção ou manifestação escrita na sociedade, que pode incluir desde uma apropriação mínima até uma mais profunda, que contenha utilidade em seu meio.

Ao abordar a responsabilidade da escola no engajamento de práticas sociais letradas, Colello (2004) enfatiza que tão importante quanto conhecer o funcionamento do sistema de escrita é poder ampliar a dimensão social das várias manifestações escritas em cada comunidade. Para a autora, a possibilidade das pessoas cultivarem os hábitos de leitura e escrita resulta na inserção crítica do indivíduo na sociedade. A aprendizagem da língua escrita deixa de ser uma questão estritamente pedagógica para se alçar à esfera política e atingir o investimento na formação humana.

No sentido de retirar a carga pedagógica da escrita e valorizar hábitos no cotidiano das pessoas, Yaden e Tardibuono (2004) pesquisaram estudantes latinos (imigrantes nos Estados Unidos) em idade pré-escolar de nível socioeconômico desfavorecido, que estavam em processo de aprendizado da escrita do idioma inglês. Os autores notaram que, após o Programa de Empréstimo de Livros para a Família, as crianças ganharam consciência do uso do livro e muitas estabeleceram rotinas de ler em voz alta em casa. Esse novo hábito, em um ambiente letrado, promove o auxílio na aquisição de leitura avançada e de habilidades de escrita na escola.

Outro estudo que propõe atividades de estimulação das habilidades de letramento, realizado com crianças de classe social desfavorecida, foi realizado por Golova e colaboradores (1999). Eles entregaram para as famílias alguns materiais para promover maior contato e incentivo à leitura, como um livro e um folheto bilíngue que explicava para as crianças os benefícios de ler. Após dez meses, os pais foram novamente entrevistados e demonstraram uma grande modificação na postura em relação à valorização e uso da escrita. Eles começaram a ler livros com seus filhos pelo menos três vezes por semana, o que trouxe benefícios para o processo de aquisição e desenvolvimento da leitura e escrita.

Com base em programas de promoção de ambientes letrados na escola, Justice e Kaderavek (2004) enfatizam a importância do fonoaudiólogo para implantação de medidas estruturadas que objetivam o letramento de crianças com dificuldades iniciais no processo de alfabetização. Ao acompanhar o professor, o fonoaudiólogo enfocará os problemas de leitura antes que eles sejam capazes de se manifestar. Assim, contribui para o aumento do desenvolvimento de experiências letradas de crianças vulneráveis para problemas de leitura no futuro, como as que apresentam prejuízos de idioma e aquelas com inaptidão intelectual, as que foram criadas em casas onde não há estimulação ou uso de materiais escritos, e também as crianças sem fatores de risco óbvios, mas que podem desenvolver qualquer dificuldade de alfabetização.

O letramento formal conquista cada vez mais espaço nas pesquisas em educação e distúrbios de linguagem devido à influência no aprendizado escolar. Segundo Roth e Baden (2001), os fonoaudiólogos podem trazer contribuições significativas à aquisição de leitura e escrita, o que auxilia os professores a promover as habilidades de letramento em todos os estudantes por meio da orientação de diretrizes, sugestões e recursos como: estimulação precoce da consciência fonológica, leitura de livros com discussões sobre a história, participação familiar e contato com materiais escritos.

Preocupados com a eficiência do uso possível das capacidades técnicas em ler e escrever, Bagno, Stubbs e Gagné (2002) referem que a aprendizagem da leitura e da escrita não tem valor se não forem oferecidas ocasiões para os usos efetivos, eficientes, criativos e produtivos dessas habilidades. Para os autores, é imperativo abordar o letramento por meio dos gêneros textuais e abandonar o estudo da língua restrito somente à palavra. Eles criticam o ensino tradicional por nunca ter considerado a variedade de gêneros escritos existentes na vida social e por ter desprezado quase completamente o estudo dos gêneros textuais característicos das práticas orais.

2.4 Gêneros discursivos e produção de textos na oralidade e na escrita

As produções de textos escolares, durante muito tempo, estiveram baseadas em uma perspectiva da organização textual discursiva, moldada pela linguística textual, que correlaciona formas linguísticas, contextualidade, interação e cognição, além de considerar as semelhanças e as diferenças entre fala e escrita nas atividades de formulação textual discursiva.

Para Marcuschi (2003), mostrar ao estudante os gêneros discursivos e a organização textual por meio da linguística textual faz parte de uma atividade educacional que conquista o aprendizado e visualiza quais recursos os estudantes podem utilizar para obterem um bom desempenho na produção de textos narrativos escritos.

Em relação à organização textual, Bastos (2001) considera que não se pode ensinar a compreensão e produção de textos sem considerar dados relativos à sua disposição e a situação de interlocução na qual se inserem. Nesse sentido, é importante que se discuta algumas questões relativas aos gêneros do discurso.

O precursor da classificação dos gêneros discursivos foi Bakhtin (1992). Segundo seus preceitos, a fala é moldada pelas formas de gêneros infinitos, o que resulta em uma heterogeneidade de discursos. Salienta-se desde a curta réplica do diálogo cotidiano, passa-se por exposições científicas, até chegar em gêneros literários. As condições sociais de produção do discurso são moldadas de acordo com uma base, embora os gêneros de discurso sejam flexíveis e estejam em permanente mudança no espaço sociocultural.

Os gêneros do discurso foram classificados em dois grandes blocos, sendo eles: primário e secundário. O gênero primário (simples) está constituído em circunstâncias da comunicação verbal, espontâneo e ligado às esferas sociais cotidianas da relação humana, às formas do diálogo e às situações de interação face a face. O gênero secundário aparece em situações de comunicação cultural, esfera pública e de interação social mais complexa e relativamente mais evoluída, mediada principalmente pela escrita.

Ao repensar sobre essa posição mais tradicional dos gêneros discursivos, Maingueneau (2002) explana que os gêneros de discurso não podem ser considerados como formas, disponíveis como moldes, pois foram elaborados no âmbito de uma poética e recentemente se estendeu a todos os tipos de produção verbais, o que torna inviável relacionar uma obra literária na mesma categoria de um panfleto.

Com base na pluralidade linguística, Marcuschi (2003) defende a ideia de um contínuo entre os gêneros textuais marcados pela fala e escrita, e traça quatro tipos que são interligados por essas relações. São eles: comunicações pessoais, públicas, textos instrucionais e textos acadêmicos. O **discurso** remete-se a um sujeito regido por normas particulares no qual adquire sentido no interior de outros discursos. Cada gênero de discurso tem sua maneira de tratar a multiplicidade das relações interdiscursivas. O termo **enunciado** é definido como unidade elementar da comunicação verbal, uma sequência dotada de sentido e sintaticamente completa. Pode ser empregado também para designar uma sequência verbal, que forma uma unidade de comunicação completa no âmbito de um determinado gênero de discurso. O **texto** emprega-se igualmente com um valor mais preciso, quando se trata de apreender o enunciado como um todo e pode ser tratado como unidades verbais pertencentes a um discurso.

Outra autora que agrupou os gêneros com base em tópicos mais amplos foi Semeghini-Siqueira (2002), que classificou alguns tipos de gêneros como: **íntimo/pessoal** (bilhete, carta informal, cartão postal ou cartão de felicitação); **literário** e **ficcional não literário** (acróstico, poema, piada, advinha, paródia, fábula, lenda, cordel, crônica, conto de fadas, contos, narrativa de aventura, narrativa de ficção, narrativa de ficção científica, narrativa de enigma, história engraçada); **relato** ou **documentação de ações humanas** (engloba relatos de experiências vividas, relatos de viagem, relato histórico, histórias, relato íntimo, testemunho, anedota, currículo, notícia, reportagem e crônica esportiva), **textos de opinião** (carta de leitor, carta de reclamação ou de solicitação, resenha crítica, crítica literária); **textos expositivos** (artigo enciclopédico, texto explicativo, resumo de textos expositivos, relatório de experiência científica, entrevista e verbete de dicionário); **instruções, prescrições, descrições** (instruções de uso, montagem, receita, regulamento, regras de jogo, ordens diversas, textos prescritivos, formulários) e **outros tipos** que podem ser criados conforme a necessidade.

Diversos autores, como Faria (1984); Semeghini-Siqueira (2002) e Esteter (2003), diferenciam classificações de tipologias do discurso e consideram variados elementos para análise das sequências textuais.

A maioria dos autores estudados aponta quatro tipologias principais de sequência textual oral e escrita: narrativa ou relato; descrição; argumentação ou dissertação e explicação. Essa diversidade de análises acarreta uma pluralidade de classificações que segundo Silveira (1985) polemiza os critérios de classificação dos textos. Para a autora, a polêmica, entretanto, não é negativa, na medida em que o conhecimento do maior número possível de vários tipos de textos é, sem dúvida, um componente essencial para o desenvolvimento de estratégias de leitura e de produção escrita.

Na sala de aula, os tipos de discursos são difíceis de serem situados, conforme afirma Rojo (2004). Em uma aproximação intuitiva inicial, o espaço escolar é a primeira aproximação da criança das esferas públicas de interação social e é responsável pelos aspectos composicionais das formas de gênero entre o primário e o secundário. De acordo com essa colocação, a autora caracteriza esta situação de interação escolar como produtora dos **gêneros escolares de discurso** e dos **gêneros escolarizados**. Os **escolares** são meios de comunicação no interior da escola e são caracterizados pela oralidade. Já os **escolarizados** são aqueles tomados pela escola como seu objeto de ensino, especificamente, de escrita e, nessa esfera, encontram-se os processos metalinguísticos e enunciativos.

Na tentativa de adequar os gêneros textuais no espaço escolar, Dolz e Schneuwly (2004) observaram que o trabalho escolar é realizado por meio da exploração dos diversos gêneros e enfatizam que se pode até utilizar o termo **gênero escolar** por existir um enfoque de agrupamento de gêneros correlacionado às tipologias, que definem as capacidades das linguagens utilizadas no âmbito escolar.

Os agrupamentos parecem ser suficientemente diferentes uns dos outros. Dessa forma, os autores realizam uma proposta provisória de cinco agrupamentos de gêneros: a **narração**, o **relato**, a **argumentação**, a **exposição** e a **descrição**. Cada uma das tipologias agrupa gêneros orais e escritos, e oferece aos estudantes vias diferentes de acesso à escrita, à diversificação didática dos gêneros e às operações de linguagem necessárias para dominar a relação do estudante com a sua própria linguagem, de acordo com as finalidades sociais.

Segundo Dolz, Noverraz e Scheneuwly (2004), certos gêneros interessam mais à escola, tais como as narrações, reportagens e seminários. A finalidade de auxiliar o estudante a dominar melhor um gênero, por meio da sequência didática, é permitir nortear a escrita ou a fala de maneira adequada às diversas situações de comunicação.

Outra autora que classifica os gêneros no espaço escolar é Brait (2000), que comenta sobre as diferenças entre gêneros discursivos e tipologias textuais no trabalho com ensino e aprendizagem da língua e salienta uma confusão que pode ser percebida no conjunto dos documentos apresentados para o ensino da língua portuguesa, nos Parâmetros Curriculares Nacionais. Para a autora, qualquer enunciado fará parte de um gênero, mas não de forma pura e simplesmente determinista. O gênero discursivo diz respeito às coerções estabelecidas entre as diferentes atividades humanas e os usos da língua nessas atividades.

Fávero (1993) enfatiza que a coesão e coerência são fatores contribuintes para a textualidade do discurso, e explicita os mecanismos de estruturação e compreensão do texto. Alguns autores corroboram essa ideia e valorizam a correlação entre ambas para a manutenção da unidade do texto produzido (FÁVERO; KOCH, 1983; FÁVERO, 1993; BASTOS, 2001; KOCH, 2002; 2004).

Os critérios interdependentes de coesão, coerência, intencionalidade e aceitabilidade são valorizados por Maingueneau (2000), que visualiza o texto como um registro verbal do ato de comunicação, que se estrutura de acordo com as principais propriedades ligadas ao texto como estruturação forte e independência do contexto, além da intertextualidade.

Para Maingueneau (2001), quando se trata de narração, está implícita a instauração de certa relação entre momento e lugar, o que pode haver dissociação completa entre o mundo narrado e a instância narrativa, como também o contrário, ao observar uma coincidência entre enunciação e o universo narrado. A **situação de enunciação** envolve: as **pessoas** ou o **narrador** (desempenha papel ativo ou não na enunciação); os **dêiticos espaciais** (meio para operar a localização absoluta ou contextual da posição do corpo do enunciador e de seus gestos); os **dêiticos temporais** (organização a partir da posição do corpo do enunciador, que tem como origem o momento em que este fala – presente linguístico); a temporalidade narrativa (localização temporal absoluta ou relativa); e a **situação** (relação entre o momento e o lugar).

Maingueneau (2002) postula as instâncias que devem ser mobilizadas para produzir e interpretar um enunciado. Para o autor existem três competências que intervêm no conhecimento do discurso e não se manifestam de modo sequencial, mas interagem para produzir uma interpretação. O domínio das leis e dos gêneros do discurso são componentes essenciais de nossa competência comunicativa e se constituem na **competência genérica**, ou seja, na capacidade de produzir enunciados no âmbito de certo número de gêneros. É preciso, para tal, ter o domínio da língua em questão – uma **competência linguística** – e dispor de um número considerável de conhecimentos sobre o mundo – uma **competência enciclopédica**.

Fávero (1993) pondera que é necessário que a escola oriente o estudante por meio de textos para expressar a mensagem do interlocutor e evitar a contaminação com moldes pré-estabelecidos que cortam os elementos de textualidade.

As preocupações excessivas com a forma e a organização textual, prática ainda encontrada em muitas escolas brasileiras, restringem os textos dos escolares, que ficam limitados a poucos tipos discursivos, como por exemplo, as classificações e formatos para narração, descrição, dissertação e outros.

Em uma tentativa de aproximar a produção de textos escolares da realidade vivenciada pelos estudantes, a utilização de uma variedade de gêneros discursivos é preconizada por muitos estudiosos da educação, e é sugerida nos Parâmetros Curriculares Nacionais (BRASIL, 2000) e na nova Lei de Diretrizes e Bases da Educação (BRASIL, 2006), com a finalidade de incorporar na educação básica, princípios e valores fundamentais que dão um tratamento novo e transversal ao currículo escolar.

2.5 O uso de histórias no cotidiano escolar e a prática de produção de narrativas escritas

Conforme Cagliari (1989), a capacidade de produzir textos atinge um melhor desenvolvimento quando a criança ouve histórias infantis. O autor atribui a essa atividade um importante canal de acesso para a criança ter um discurso mais próximo da escrita.

A importância do contato com livros de histórias também é enfatizada por Rodari (1982) que assinala a família como primordial no incentivo da paixão pelos contos de histórias e pelo hábito da leitura.

Outras autoras, que também valorizam o papel do adulto no processo de construção da linguagem escrita, são Grandin, Arruda e Gomes (2004). A família, por meio do conto ou da leitura de histórias, torna o ambiente propício ao incentivo da criança à leitura e atribui sentido às ações da criança em relação à escrita.

A ideia de somente expor livros para crianças, no entanto, é vista por Macedo (2005) como ambígua, na medida em que a escrita é uma forma privilegiada em estabelecer relações do sujeito com o mundo, e o gostar de realizar tais tarefas está diretamente relacionada ao domínio que se tem das mesmas, pois, normalmente, não se prefere aquilo que se exige muito ou causa frustrações contínuas.

Cárnio e colaboradores (2006) corroboram com a ideia de que, muitas vezes, a família não sabe como incentivar seus filhos em atividades que envolvam leitura e escrita. As pesquisadoras investigaram as estratégias dos familiares para incentivo ao gosto pela leitura e revelaram que, a maioria dos pais, apesar de reconhecer o valor de disponibilizar maior contato com materiais de leitura, não utiliza estratégias apropriadas de promoção de atividades escritas.

O contato precoce com a leitura deve ser considerado desde a pré-escola, quando se investe na oralidade. Ao acompanhar o desenvolvimento da capacidade de narrar, Kaderavek e Sulzby (2000) afirmam que a habilidade de narrar é um prognóstico importante no sucesso escolar de crianças. Para analisar a produção oral em diferentes contextos, dividiram uma classe de crianças na faixa de seis anos. No primeiro grupo, utilizaram a variedade linguística para nortear as produções, e no outro grupo apoiaram-se na estrutura dos livros de histórias. Em ambos os grupos, características da linguagem escrita estiveram presentes, porém, foi mais intensificada no segundo grupo, ao apresentar uso de verbos no passado, uso adequado de pronomes e estruturação de frases.

Com a finalidade de avaliar a produção de textos orais e escritos, após um trabalho com leitura de histórias para crianças na fase inicial da escolarização, Vieiro e García-Madruga (1997) selecionaram diferentes histórias com a mesma estrutura e solicitaram para cada criança uma produção oral e outra escrita após escutarem tais histórias. Os resultados demonstraram que a produção oral tende a ser mais curta, com o recurso de maior número de inferências. No discurso escrito, encontrou-se maior elaboração, organização e preocupação gramatical.

Outro pesquisador, Hadley (1998), também comparou a produção de narrativas orais e escritas e encontrou no discurso escrito elocuções mais longas do que no oral. Ele desenvolveu uma pesquisa, na qual avaliou as narrativas orais e escritas de crianças do 2º ano do ensino fundamental e verificou que, em relação à tipologia, as produções encontradas incluíram relatos, ficção e histórias em geral, dependendo do contexto inserido.

Por sua vez, em contraposição à ideia de que as produções escritas de escolares são superiores às produções orais, Scott e Windsor (2000) observaram diferenças significantes na complexidade gramatical, sendo que, na escrita, os autores verificaram maior propensão a erros e estruturas pouco elaboradas se comparado à produção oral, ao avaliarem estudantes do ensino fundamental, por meio do discurso informal oral e da narrativa escrita.

Hoffman (1997) observou a tendência atual dos trabalhos que envolvem estimulação de linguagem e consideram de forma holística e funcional a sintaxe, semântica, morfologia, pragmática e fonologia, em sistemas integrados, que promovem a abordagem funcional da linguagem. Ele apresenta a técnica de "scaffolding" (andaime ou esqueleto) que atende a objetivos múltiplos do trabalho com histórias, que são retomadas e expandidas por meio da interação do adulto com a criança.

A proposta consiste na realização de esquemas, como se fossem "andaimes", que são formulados em parceria com a criança e descrevem a leitura dos livros de histórias dentro de um contexto comunicativo da expressão e compreensão do texto. Assim, faz com que o estudante incorpore a estrutura da narrativa, sobretudo em relação à coesão no tempo e no espaço e ao desenvolvimento da ação das personagens, a intenção e resolução.

Para o autor, a exposição continuada das histórias e a discussão em parceria possibilitam à criança incorporar a estrutura da narrativa em um nível de complexidade maior, e permitem a modelagem e a discussão metalinguística sobre vários aspectos da linguagem.

Outros pesquisadores que também enfatizam a relação entre leitura e produção de textos são Aram e Biron (2004). Em um estudo com 70 crianças, compararam dois programas, sendo que o primeiro focalizou a leitura de livros de contos e o segundo as habilidades da escrita e produção de textos. As crianças foram testadas duas vezes, no princípio e ao fim do ano escolar, em: consciência fonológica, palavra escrita, conhecimento de carta, consciência ortográfica, compreensão, vocabulário receptivo, e conhecimento geral. Ambos os programas envolveram jogos e atividades criativas, no entanto, no programa de escrita investiu-se em um encorajamento do conhecimento na consciência fonológica e atividades de escrita funcionais. O programa de leitura utilizou 11 livros infantis e focalizou o idioma e a exploração dos conceitos principais tratados nos livros. Os autores perceberam que todas as crianças progrediram significativamente em consciência fonológica e consciência ortográfica, porém, o grupo de escrita ultrapassou, de forma significativa, o grupo de leitura nas atividades de consciência fonológica, palavra escrita e consciência ortográfica.

Em estudos com crianças de mais idade, Grandim, Arruda e Gomes (2004), com a finalidade de verificar como ocorre a formação de ideias e a ativação do conhecimento inicial durante a elaboração do texto narrativo, utilizaram-se de um questionário com três perguntas referentes ao processo de planejamento de ideias e fonte de conhecimento usado durante a produção de um texto. As pesquisadoras encontraram, na vivência real e em filmes, as fontes que os estudantes se inspiram para desenvolver seus textos. Quanto à estrutura das produções escritas, nesse estudo foram poucos os que apresentaram desfecho em suas produções. Elas concluíram que as variadas fontes de conhecimento associadas às categorias superestruturais são fundamentais para o planejamento e execução das produções escritas de escolares.

Em outra pesquisa, com escolares de quarta série de uma escola estadual da cidade de São Paulo, Ciboto (2006) avaliou a produção escrita desses estudantes, antes e após um programa prático de atividades baseadas no letramento, metalinguagem e consciência fonológica, e encontrou uma evolução significativa em todos os critérios de coesão, coerência, gramática e ortografia analisadas, e que após o programa nenhum estudante produziu um texto inadequado. Por meio dos estudos anteriormente apresentados, pude observar que as possibilidades de atividades para uma escrita prazerosa e eficiente são inúmeras, porém, muitas vezes os desejos das crianças estão distantes da escola ou seus conhecimentos prévios são ignorados por ela.

A escrita é vista por alguns pesquisadores como objeto privativo da escola e, somente neste espaço, a criança pode utilizá-la de modo benéfico para o desenvolvimento de seu processo de ensino e aprendizagem, entretanto, segundo Rojo (2003), a criança ao iniciar sua escolarização já possui alguma concepção da escrita.

Na prática escolar, em relação à leitura e produção de textos, ocorre um afastamento da realidade do estudante em relação ao uso que se faz da escrita no seu cotidiano. Essa ruptura resulta no desinteresse do estudante, que não encontra entretenimento e prazer na leitura. Kleiman (2001) considera que a criança somente se interessará pela leitura quando estiver cercada de adultos que tenham paixão e hábito em ler.

Outro fator que contribui para o desinteresse e desvalorização da leitura e da escrita está relacionado ao medo de escrever e de se expor – a maioria dos estudantes. Para Kramer (2001), o modelo do professor não leitor e que também tem medo de escrever influencia diretamente na aversão dos estudantes ao uso da leitura e da escrita fora da escola como meio de entretenimento.

No ensino da língua portuguesa, o texto escrito tem grande relevância por ser uma atividade discursiva que possibilita ao escolar se expressar por meio de uma sequência verbal linguística escrita, coerente, que forma um todo acabado e definitivo, conforme define Geraldi (1997). Para o autor, ao enfocar o trabalho com a produção e compreensão de textos, a escola direcionará um acontecimento dialógico que constrói uma nova identidade e assume um movimento de reflexão, no qual o papel do professor será de mediador entre objeto de estudo e aprendizagem. Por isso, o autor considera a produção de textos orais e escritos como ponto de partida e de chegada de todo o processo de ensino e aprendizagem da língua. Ele critica a produção com base em algo fora da realidade do estudante, como, por exemplo, desenvolver uma história com base em uma gravura. Com isso, o educando despreza os conhecimentos prévios trazidos pelo aluno, descontextualiza a gramática da linguagem e a transforma em uma imposição de regras.

O resultado dessa concepção é o distanciamento das práticas escolares do mundo real, o que torna as atividades de escrita sem sentido, circunscritas ao exercício motor e treinamento do código, restrito em um sistema de regras e normas. Nesse sentido, Silva e Colello (2004) enfatizam que ainda prevalecem concepções elitistas de ensino, que consideram a aprendizagem como um processo linear e cumulativo pré-determinado por um programa didático. E para Macedo (2005), a escola não respeita o ritmo ou a individualidade de cada criança, percorre os caminhos menos prazerosos e ainda valoriza o erro, especialmente o ortográfico, o qual age como um inibidor do processo.

2.6 Reflexões sobre a parceria do fonoaudiólogo e do professor na fonoaudiologia escolar

O fonoaudiólogo está regulamentado pelo Conselho Federal de Fonoaudiologia, desde 1999, para exercer atividades em escolas. Bedran (2000), com base na Resolução 232/99, relata as possibilidades de atuação do fonoaudiólogo no âmbito escolar. Essa pode ser concretizada por meio de: 1) palestras, orientações e estudo de casos, na forma de consultoria e assessoria; 2) realização de triagens fonoaudiológicas, nos aspectos da audição, linguagem, motricidade oral e voz (sendo que estas só deverão ser realizadas após um pedido oficial por parte da escola); 3) realização de devolutiva e orientação aos pais, professores e equipe técnica da escola, nos aspectos da audição, linguagem, motricidade oral e voz; 4) orientação aos professores quanto à estimulação de linguagem em sala de aula; 5) realização de pesquisas; e 6) orientação sobre as condições favoráveis que o ambiente físico deve ter para promover o processo de aprendizagem. Cabe também, ao fonoaudiólogo, orientar o professor e o estudante sobre o uso adequado da voz e criar situações que evitem o abuso vocal, além de desenvolver programas de treinamento vocal e técnicas de apresentação.

Apesar da regulamentação recente, a fonoaudiologia e a educação selam relações há muito tempo e em uma realidade de longa data tenho notado o crescimento e a afirmação da fonoaudiologia escolar como possibilidade de trabalho, conforme afirma Morais (2005). Para a autora, a vivência no ambiente escolar, que recebe o fonoaudiólogo como parte da equipe, fará com que causas de determinadas afecções possam diminuir em termos de incidência ou mesmo serem eliminadas. O trabalho em conjunto do fonoaudiólogo com o professor modifica a visão clínica que inicialmente foi estabelecida nesta relação. Em tempos anteriores, o fonoaudiólogo restringia-se ao atendimento individual dos estudantes portadores de distúrbios da comunicação. O professor somente buscava pelo apoio fonoaudiológico em sua sala de aula quando havia queixa de estudantes com dificuldades de aprendizagem, portadores de distúrbios da comunicação e estudantes com dificuldades na escrita, como: trocas ou omissão de grafemas, junção, omissão ou inversão de unidades vocabulares, falhas de acentuação e ausência ou falha de pontuação (FREIRE, 1992).

Essa visão, centrada somente nas afecções, gera equívocos, infelizmente presenciados até hoje. Crianças, sequer alfabetizadas, já são apontadas como maus leitores ou escritores. Para Freire (1992), o professor coloca as dificuldades gerais de seus estudantes para fora da escola, e isenta-se, portanto, de sua responsabilidade enquanto educador, atribuindo exclusivamente ao atendimento clínico do fonoaudiólogo a tarefa de possibilitar melhor desempenho a esses escolares.

Em uma visão tão restrita do processo de letramento, a expectativa da escola é a de que todos os problemas de sala de aula sejam superados com a chegada do fonoaudiólogo. Entretanto, o fonoaudiólogo não quer mais ocupar esse lugar na escola e propõe uma visão contrária a quaisquer anseios. Essa é a principal dificuldade no relacionamento entre os profissionais, que precisa ser superada.

A fonoaudiologia, por meio de um trabalho com objetivos bem centrados, necessita consolidar a relação com a educação. Para Cavalheiro (2001), ainda existe na escola resistência à aceitação do fonoaudiólogo devido à ideia de superposição dos papéis e da falta de liberdade de ação encontrada dentro da escola.

Nesses desencontros, a fonoaudiologia não tem ocupado um lugar significativo no sistema educacional e deverá continuar construindo e aperfeiçoando o trabalho por meio de ações articuladas na equipe interdisciplinar. Cárnio (1994), ao refletir sobre o trabalho de fonoaudiologia escolar, já ressaltava que é necessário vivenciar a realidade e envolvimento de cada escola para que se possa contribuir com orientações significativas dentro do contexto e de suas possibilidades. A autora considera que atingir o professor seja uma das bases mais sólidas para estabelecer uma parceria que promova a observação, discussão e compreensão das propostas, valorizando a participação de cada profissional envolvido, para considerar cada estudante individualmente, dentro dos seus níveis de evolução da leitura e da escrita, lidando com as diferenças do grupo. Nessa esfera, Girotto (2001) corrobora com Cárnio (1994) e ratifica que a legitimação da atuação do fonoaudiólogo na equipe escolar acontecerá na medida em que ele conheça profundamente o contexto social com o qual trabalhará.

Então, tornou-se do passado a atuação do fonoaudiólogo na escola ligado à afecção dos distúrbios da comunicação e ação predominantemente curativa. O trabalho preventivo na escola deverá enfatizar tanto a normalidade quanto às dificuldades que os escolares possam apresentar no desenvolvimento da leitura e da escrita. Nessa nova tendência do trabalho da fonoaudiologia Escolar, Zorzi (1999) constata que a prevenção tem seguido um crescimento atual e busca firmar a inserção do fonoaudiólogo na escola ao consolidar a fonoaudiologia como uma nova ciência.

Para o autor, a importância do fonoaudiólogo na escola está relacionada ao sentido de criar condições favoráveis e eficazes para que as capacidades de cada profissional possam ser exploradas ao máximo; não para eliminar apenas problemas, mas pela crença de que determinadas situações e experiências podem facilitar e incrementar o desenvolvimento e a aprendizagem.

Ao objetivar a promoção da saúde do escolar, Cárnio reconhece que a fonoaudiologia no Brasil é uma área que ainda precisa estabelecer seu objeto de estudo com maior precisão. Devido a atitudes ingênuas de alguns fonoaudiólogos e ao desconhecimento do

Código de Ética do Fonoaudiólogo e dos princípios norteadores da Organização Mundial de Saúde para a afirmação de escolas promotoras de saúde, a atuação do fonoaudiólogo nas escolas geralmente causa polêmicas.

Segundo a autora, a fonoaudiologia e a educação estão em uma parceria em construção, com as definições de papéis que estabelecem uma relação dialógica e mutável, de acordo com as naturezas social, histórica e política de cada instituição, de cada cidade, de cada país. A fonoaudiologia, na perspectiva da promoção de saúde, busca aumentar o seu engajamento em ações de saúde pública coletiva nas instituições de ensino (PENTEADO; SERVILHA, 2004).

Para as autoras, o trabalho fonoaudiológico deve verificar concepções amplas e dinâmicas da saúde, pois deve enfatizar a importância da linguagem na vida das pessoas e propiciar aos pais a reflexão sobre a relação da comunicação na vida dos filhos com o mundo, o que permite a construção da aprendizagem e a busca de uma melhor qualidade de vida. Dessa forma, o "fazer fonoaudiológico" constrói um caminhar mais próximo das questões sociais e coletivas, indo em direção às necessidades de saúde da população. A proposta enfatiza um trabalho em parceria com a saúde e educação, na finalidade de uma união entre as áreas de benefício ao estudante, em uma tentativa de afastar as estereotipias e auxiliar o estudante portador de distúrbios de linguagem ou aprendizagem.

Nessa proposta, o fonoaudiólogo busca caminhos com a criação, implantação e melhorias de programas educacionais. A construção ajusta-se aos dias atuais, nos quais a inclusão é uma realidade e envolve diferentes setores da educação, bem como a educação especial. Segundo Garcez e Sacaloski (2005), a inclusão é um processo complexo, configurado nas confluências entre o pensar, o sentir e o agir e as determinações sociais mediadas pela raça, classe, idade e gênero, em um movimento dialético. O trabalho inclui a família, o sujeito e o professor em uma proposta diferente para o processo educacional, que difere do atendimento clínico, na medida em que o enfoque não é a afecção e o atendimento individual, mas o trabalho em grupos para a busca de adaptações necessárias à inclusão.

2.7 Distúrbios específicos de leitura e escrita

Crianças com queixa escolar, de dificuldades com a leitura e escrita, são encaminhadas em demasia para avaliação fonoaudiológica e, quase sempre, de modo muito semelhante, o professor relaciona estudantes com dificuldades na oralidade que possivelmente prejudicarão a escrita ou, ainda, acarretarão lentidão na alfabetização a crianças portadoras de distúrbios de aprendizagem, conforme constata Perrota, Wey Märtz e Masini (1995). Às vezes, essas queixas vêm caracterizadas por dislexia ou algum distúrbio específico de aprendizagem. Entretanto, na maioria dos casos, é notório que tais alterações são derivadas dos processos de aquisição da leitura e escrita, de diferenças de ritmo e até mesmo de problemas na relação ensino-aprendizagem.

Schirmer, Fontoura e Nunes (2004) compartilham a ideia de que grande parte das queixas relatadas nas clínicas pediátrica, neurológica, neuropsicológica e fonoaudiológica referem-se a alterações no processo de aprendizagem ou atraso na aquisição da linguagem. As autoras postulam que tais dificuldades de aprendizagem estão intimamente relacionadas à história prévia de atraso na aquisição da linguagem.

A preocupação em classificar as crianças com dificuldades de aprendizagem resulta em analisar o problema em si e descarta a etiologia, conforme salientam Sisto e colaboradores (2001), que consideram primordial a identificação das causas, pois as dificuldades podem ter uma origem similar e apresentarem manifestações diferentes.

A prática de julgar o estudante e encaminhar a profissionais especializados é bastante difundida entre professores e decorrente, principalmente, do problema de conceituação do termo **distúrbio de aprendizagem**. Segundo Ciasca (1990), na literatura especializada é grande a quantidade de sinônimos do termo, como: dificuldade escolar, problema de aprendizagem e dificuldade na aprendizagem, o que gera sentido impreciso e confusão a respeito dessas terminologias que são bem distintas em seus significados. Para a autora, a controvérsia existente nas diferentes teorias e nos diferentes autores leva, às vezes, não só à rotulação inadequada, como também ao diagnóstico ineficiente.

A imprecisão terminológica para definir esses distúrbios também é enfatizada por Nutti (2002), que considera a seleção de termos como distúrbio, transtorno, dificuldade ou problema de aprendizagem, uma inquietante problemática para aqueles que atuam no diagnóstico, prevenção e reabilitação do processo de aprendizagem. Um conceito internacionalmente aceito é o da American Psychiatric Association/DSM-IV (1994), que considera o transtorno de aprendizagem de modo bem amplo e inclui transtorno da leitura, transtorno da matemática, transtorno da expressão escrita e transtorno da aprendizagem sem outra especificação.

Para a associação, o **transtorno da aprendizagem** é diagnosticado quando o resultado do indivíduo em testes padronizados e administrados, um por um, de leitura, matemática ou expressão escrita, está substancialmente abaixo do esperado para sua idade, escolarização e nível de inteligência. Quando encontrado, o problema de aprendizagem interfere significativamente no rendimento escolar ou nas atividades da vida diária que exigem habilidades de leitura, matemática ou escrita.

Apesar dessa classificação ser universalmente aceita, neste estudo é considerada restritiva, uma vez que enaltece as atividades individuais da criança, inclusive a classificação do coeficiente de inteligência e não inclui aspectos sociais. Nesse sentido, concorda-se com Romero (1995) ao enfatizar que **o conceito de distúrbio de aprendizagem** deve ser compreendido com base em um enfoque que correlacione fatores orgânicos, cognitivos, afetivos, sociais e pedagógicos, percebidos dentro das articulações sociais que consideram a continuidade entre pessoa-ambiente.

Essa noção de continuidade do espectro de manifestações dos distúrbios de aprendizagem é valorizada por Santos e Navas

(2002), que consideram os **distúrbios específicos de leitura e escrita** como um comprometimento global do desenvolvimento da linguagem. Em relação às dificuldades no aprendizado da leitura e da escrita, Capellini e Oliveira (2003) ressaltam o surgimento de um crescente número de crianças com fracasso escolar que apresentam alterações no processo de aquisição e desenvolvimento da linguagem. Esses alunos mostram características que comprometem o desempenho escolar e resultam na diminuição da motivação e do esforço no domínio de habilidades básicas para a aprendizagem em sala de aula.

No entanto, muitas vezes é difícil para o fonoaudiólogo diferenciar os distúrbios específicos de leitura e escrita dos distúrbios de aprendizagem, uma vez que ambos apresentam comprometimento na área da linguagem, conforme ressaltam Capellini e Salgado (2003). Para as autoras, um fator que pode auxiliar no diagnóstico diferencial, além do número de habilidades de linguagem comprometidas, é o prejuízo referente ao raciocínio lógico-matemático, encontrado especificamente no distúrbio de aprendizagem. Ao centrarem-se somente nos **distúrbios específicos de leitura e escrita**, Capellini e Oliveira (2003) observam que, geralmente, encontram atrasos ou alterações no desenvolvimento fonológico, os quais comprometem o mecanismo de conversão fonema-grafema para atividades relacionada à leitura oral e escrita, enquanto que no **distúrbio de aprendizagem** encontram alterações fonológicas, sintáticas, semânticas e pragmáticas que são evidenciadas tanto na linguagem oral, quanto na escrita.

A prevenção dos problemas de leitura e escrita deve ser uma preocupação constante do fonoaudiólogo, no sentido de buscar nas escolas programas que intensifiquem um trabalho que promova ações que contribuam efetivamente para otimizar a habilidade de leitura e a prática da escrita. Neste estudo, valorizo a noção de continuidade entre os aspectos individuais e ambientais, os quais estão intimamente ligados aos possíveis desvios que possam ocorrer.

3. Método

Neste capítulo serão apresentados o delineamento da pesquisa, caracterização da escola e dos estudantes, materiais utilizados, procedimentos e os critérios para análise de dados.

3.1 Delineamento da pesquisa

Esta pesquisa está fundamentada pela metodologia da pesquisa-ação, uma vez que eu pesquisei e coletei dados e, ao mesmo tempo, desenvolvi os procedimentos de pesquisa em uma relação dialógica entre pesquisadora e estudantes.

De acordo com Thiollent (1996), entre as diversas definições possíveis, essa metodologia consiste em um tipo de pesquisa social de base empírica, que é concebida e realizada em estreita associação com uma ação ou com a resolução de um problema coletivo por parte das pessoas ou grupos implicados na observação.

Dessa forma, a pesquisa-ação exige uma estrutura de relação participativa entre o pesquisador e as pessoas da situação investigada. Seu objetivo consiste em analisar as características dos vários métodos disponíveis, avaliar suas capacidades, potencialidades, limitações ou distorções e criticar os pressupostos ou implicações da sua utilização a fim de contribuir para um melhor equacionamento possível do problema considerado pela pesquisa, possibilitando o levantamento de soluções e propostas de ações alcançáveis.

A associação entre pesquisa-ação e aprendizagem possui grande relevância devido ao processo de aprendizagem estar associado à investigação, e por fazer parte de uma atividade planejada em um cotidiano dialógico que envolve produção, circulação de informações, elucidação e tomada de decisões, que resultam no aprendizado conjunto. Na pesquisa, procurei desenvolver a promoção da linguagem oral e escrita, visando aumentar o interesse dos estudantes em ouvir histórias lidas e contadas para, posteriormente, produzi-las por meio da escrita.

Teve-se como proposta de análise dos dados, uma avaliação qualitativa e quantitativa, caracterizando-se em uma pesquisa mista (MOREIRA, 1997). A análise qualitativa tem por objetivo classificar as características das produções dos estudantes e compilar um grande número de dados obtidos antes, durante e após o Programa de Promoção de Narrativas Escritas realizado. Para a análise quantitativa, um estatístico foi consultado e por meio de testes paramétricos e não paramétricos os dados foram tratados de acordo com os objetivos gerais e específicos.

Esta pesquisa foi submetida à análise da Comissão de Ética para Análise de Projetos de Pesquisa (CAPPesq) da Diretoria Clínica do Hospital das Clínicas e da Faculdade de Medicina da Universidade de São Paulo, e foi aprovada em sessão de 24 de junho de 2004, sob o nº 504/04 (ANEXO A).

3.2 Caracterização da escola

A escola situava-se em um bairro de classe média da Zona Oeste de São Paulo. As crianças matriculadas eram, em geral, oriundas de classe social diversificada, sendo a maioria da classe baixa, filhos de trabalhadores que prestavam serviços na região onde a escola se localiza.

Em 2004, o período de funcionamento da escola era pela manhã, das 7h às 12h, e à tarde, das 13h às 18h, com oito salas de aula do segundo ao quinto ano do ensino fundamental I. Atendia a 480 estudantes da região, além de contar com uma sala especial, tendo, em média, 35 estudantes por sala. Nos finais de semana, a escola participava do Projeto do Governo do Estado de São Paulo – Escola da Família. Uma organização não governamental oferecia acompanhamento de várias especialidades a todos os estudantes da região que apresentavam dificuldades.

Fora do período escolar eram oferecidos cursos de inglês e teatro, além do reforço pedagógico aos estudantes com maiores necessidades. A escola tinha, ainda, salas de apoio como: vídeo, biblioteca e sala de leitura com oficinas planejadas pela coordenadora pedagógica.

3.3 Caracterização dos estudantes

A escola dispunha de duas salas de aula com estudantes do quarto ano do ensino fundamental I, com uma turma em cada período, composta de 35 estudantes matriculados, com uma professora regente. As duas classes compuseram a amostra da pesquisa. A classe da turma da manhã foi denominada, nesse estudo, de grupo A e a da tarde de grupo B.

O espaço físico para ambas as classes era o mesmo e a professora do período matutino dividia com a professora do período vespertino alguns espaços comuns na sala de aula, como armário, gibiteca e mural de exposição dos trabalhos dos estudantes. Todos os estudantes participaram das atividades coletivas da pesquisa durante seus períodos de aula. Apesar de cada turma ter 35 estudantes matriculados, a amostra foi composta por 30 crianças no grupo A e 30 no grupo B. Foram eliminados 10 estudantes que não preencheram aos critérios de seleção de sujeitos (vide item 3.5, Procedimentos).

A idade dos estudantes variou de 8a7m a 11a7m, verificada em julho de 2004. Quanto ao sexo, no grupo A obteve-se um pareamento de 15 sujeitos do sexo feminino e 15 do masculino; no grupo B foram 12 do sexo feminino e 18 do masculino.

Todos os responsáveis pelos estudantes que participaram da pesquisa assinaram ao Termo de Consentimento Livre e Esclarecido, conforme Resolução do Conselho Nacional de Saúde (196/96). (ANEXO B)

Nas Tabelas 1 e 2 encontram-se os dados referentes à amostra dos estudantes.

Tabela 1: Caracterização geral dos estudantes – grupo A (manhã)

*N	**S	Idade Inicial	Queixa fonoaudiológica	Queixa escolar	Matérias com dificuldade	Participa de reforço escolar	Reprovação
1	M	8a11m	Sem queixa	Sem queixa	Matemática	Não	Não
2	M	8a7m	Dificuldade para falar o /r/	Sem queixa	Não	Sim	Não
3	M	9a9m	Enrola para falar, ronca	Sem queixa	Não	Não	Não
4	M	10a1m	Dificuldade para falar, troca sons	Dificuldade para ler e escrever	Português	Sim	Não
5	M	9a2m	Sem queixa	Sem queixa	Todas	Não	Não
6	M	9a1m	Sem queixa	Sem queixa	Português	Não	Não
7	M	9a6m	Acredita que não ouve bem	Agitado, problemas de comportamento	Não	Não	Não
8	M	9a9m	Sem queixa	Inquieto	Matemática	Não	Não
9	M	9a4m	Problemas ortodônticos	Dificuldade no português	Português	Não	Não
10	M	10a1m	Sem queixa	Dificuldade para entender a letra	Não	Não	Não
11	M	9a7m	Dificuldade para se expressar	Comportamento	Todas	Não	Não
12	M	9a8m	Sem queixa	Dificuldade na matemática	Matemática	Não	Não
13	M	9a2m	Sem queixa	Sem queixa	Não	Não	Não
14	M	9a9m	Fez tratamento de fono para fala	Sem queixa	Todas	Sim	Não
15	M	9a2m	Sem queixa	Lentidão	Não	Não	Não

(continua)

*N = número
**S = sexo

16	F	9a11m	Sem queixa	Distraída	Não	Não	Não
17	F	9a6m	Sem queixa	Sem queixa	Não	Não	Não
18	F	9a2m	Troca as palavras e esquece tudo	Sem queixa	Todas	Sim	Não
19	F	9a1m	Problemas ortodônticos	Sem queixa	Não	Não	Não
20	F	9a5m	Sem queixa	Sem queixa	Não	Não	Não
21	F	9a7m	Sem queixa	Sem queixa	Todas	Sim	Não
22	F	8a8m	Distorce nos grupos consonantais	Sem queixa	Matemática	Não	Não
23	F	9a2m	Sem queixa	Desatenta	Todas	Sim	Não
24	F	9a3m	Sem queixa	Comportamento	Matemática	Não	Não
25	F	11a9m	Sem queixa	Sem queixa	?	Sim	Sim
26	F	9a	Sem queixa	Sem queixa	Matemática	Não	Não
27	F	9a4m	Sem queixa	Sem queixa	Matemática	Não	Não
28	F	10a9m	Sem queixa	Sem queixa	Matemática	Não	Não
29	F	9a9m	Sem queixa	Sem queixa	Matemática	Não	Não
30	F	9a9m	Fala algumas palavras erradas, troca sílabas de ordem	Troca letras	Todas	Sim	Não

Tabela 2: Caracterização geral dos estudantes – grupo B (tarde)

N	S	Idade Inicial	Queixa fonoaudiológica	Queixa escolar	Matérias com dificuldade	Participa de reforço escolar	Reprovação
31	M	9a11m	Sem queixa	Sem queixa	Não	Não	Não
32	M	10a	Distraído	Sem queixa	Matemática	Não	Não
33	M	9a7m	Sem queixa	Sem queixa	Não	Não	Não
34	M	8a10m	Disperso	Sem queixa	Não	Não	Não
35	M	9a7m	Sem queixa	Sem queixa	Matemática	Não	Não
36	M	9a9m	Sem queixa	Não sabe ler nem escrever	Todas	Sim	Não
37	M	9a3m	Gagueira	Comportamento	Não	Não	Não
38	M	9a9m	Distraído	Sem queixa	Português	Sim	Não
39	M	9a9m	Sem queixa	Dificuldade na leitura	Todas	Sim	Não
40	M	9a7m	Sem queixa	Sem queixa	Geografia	Não	Não
41	M	9a10m	Teimoso	Imaturidade	Português	Sim	Não
42	M	9a3m	Sem queixa	Sem queixa	Não	Não	Não
43	M	9a5m	Sem queixa	Sem queixa	Português	Não	Não
44	M	9a10m	Fala errado, trocas na fala e na escrita	Escreve como fala	Português	Não	Não
45	M	9a3m	Sem queixa	Sem queixa	Não	Não	Não
46	M	9a3m	Sem queixa	Sem queixa	Não	Não	Não

(continua)

47	M	9a6m	Sem queixa	Conversa demais	Não	Não	Não
48	M	9a11m	Sem queixa	Sem queixa	Matemática	Não	Não
49	F	9a1m	Interposição de língua na fala	Sem queixa	Matemática	Não	Não
50	F	10a7m	Sem queixa	Sem queixa	Não	Não	Não
51	F	8a7m	Fala fanhoso	Sem queixa	Matemática	Não	Não
52	F	9a11m	Fala alto, não ouve bem	Sem queixa	Não	Não	Não
53	F	9a8m	Sem queixa	Sem queixa	Não	Não	Não
54	F	9a4m	Sem queixa	Apesar de ter vontade, não aprende	Todas	Sim	Não
55	F	8a8m	Sem queixa	Dificuldade na leitura	Matemática/ português	Não	Sim
56	F	9a2m	Sem queixa	Sem queixa	Português	Não	Não
57	F	10a	Sem queixa	Sem queixa	Matemática	Não	Não
58	F	9a11m	Sem queixa	Sem queixa	Português	Sim	Não
59	F	9a2m	Sem queixa	Conversa demais	Leitura/ matemática	Não	Não
60	F	9a2m	Sem queixa	Sem queixa	Matemática/ português	Sim	Não

As professoras responsáveis pelas turmas selecionadas (4º anos A e B) também participaram da pesquisa. Ambas demonstraram ter muitos anos de experiência no exercício do magistério. A professora da turma da manhã trabalhava havia 13 anos na rede estadual e estava cursando graduação em educação. Na turma da tarde houve troca de duas professoras no primeiro semestre e, no segundo semestre, a professora que assumiu a turma era pedagoga e lecionava havia 40 anos, sendo 30 na rede municipal, pela qual já estava aposentada. Na rede estadual, estava trabalhando havia 15 anos.

3.4 Materiais

3.4.1 Entrevista com os pais

Foram utilizados os seguintes protocolos:

a) Questionário de letramento dirigido à família: protocolo de investigação sobre os dados socioeconômicos da família do estudante, grau de escolaridade e o grau de interesse da família pela escrita (CÁRNIO et al, 2002). [ANEXO C];

b) Anamnese com os pais: roteiro para entrevista com os pais sobre desenvolvimento geral e antecedentes pessoais e familiares, investigando os aspectos de linguagem oral e escrita do estudante (ROMANO-SOARES e CÁRNIO, 2004a) (APÊNDICE A).

3.4.2 Avaliações iniciais e finais dos estudantes

Foram utilizados os seguintes materiais:

a) Folha de sulfite para registro das produções escritas dos estudantes;

b) Lápis preto nº 2.

3.4.3 Contato com as professoras

Foram utilizados os seguintes materiais:

a) Questionário para professores: protocolo com objetivo de investigar o trabalho do professor na classe como um todo e com os estudantes que apresentavam maiores dificuldades, direcionando para a forma de trabalho com livros infantis e histórias. O questionário foi elaborado por Romano-Soares e Cárnio, 2004b, para pesquisa (APÊNDICE B);

b) Programação do conteúdo programático da disciplina de língua portuguesa elaborado pelas professoras da 3ª série da escola pesquisada. (ANEXO D).

3.4.4 Programa de Promoção de Narrativas Escritas

Foram utilizados os seguintes materiais:

a) Livros de histórias infantis (na Tabela 3, estão especificados os nomes dos livros, dos autores, editora e ano de publicação, utilizados em cada encontro do Programa de Promoção de Narrativas Escritas);

Tabela 3: Distribuição dos livros por semana

Semana	Livro	Autor	Editora	Ano
1ª	Problemas com cachorro	Elvira Vigna	Moderna	2003
2ª	A descoberta de Miguel	Marilurdes Nunes	Ática	2002
3ª	Não me chame de gorducha	Bárbara Phillips	Ática	1980
4ª	As maluquices do Doutor Lelé	Teresa Noronha	Pioneira	1982
5ª	A risada de Biriba	Isabel Botelho	Scipione	1989
6ª	As férias da bruxa Onilda	Larreula; Capdevila	Scipione	1996
7ª	O pequeno planeta perdido	Ziraldo	Melhoramentos	1986
8ª	Rita, não grita	Flávia Muniz	Melhoramentos	1995
9ª	A operação do tio Onofre	Tatiana Belinky	Ática	1994
10ª	Franguinho Sebastião	Ricardo Soares	Moderna	1992
11ª	As confusões de Aninha	Stella Carr	Moderna	1985
12ª	Invasão de pensamento	Alina Perlman	Brasil	1985
13ª	Os porquês do coração	Conceil Corrêa da Silva / Nye Ribeiro Silva	Brasil	1995
14ª	Aventuras do grotão da mata	Maria Clara Machado	Brasil	1993

b) Transparências para projeção (reprodução dos livros selecionados, por meio de cópia por escaner dos livros e impressão em transparência para projeção em tela);

c) Retroprojetor para reproduzir as transparências dos livros infantis;

d) Folhas de sulfite para registro das produções escritas dos estudantes.

3.4.5 Uso geral

Foram utilizados os seguintes materiais:
a) Computador, escâner e impressora;
b) Tinta para impressora;
c) Papel sulfite, lápis preto n° 2, caneta esferográfica;
d) Caderno de registro para anotações de dados durante os programas de promoção de narrativas e avaliações iniciais e finais.

3.5 Procedimentos

3.5.1 Seleção dos sujeitos

Foi realizado o contato com uma escola estadual que aceitou colaborar com a pesquisa. A diretora e a coordenadora pedagógica disponibilizaram as duas únicas salas de aula da terceira série do ensino fundamental, uma com estudantes do período da manhã e outra com os do período da tarde.

Realizaram-se duas reuniões com pais de todos os estudantes dos terceiros anos, que aconteceram no mesmo período de aulas dos seus filhos. O objetivo dos encontros foi informar e esclarecer sobre a realização da pesquisa, seus procedimentos e benefícios para os estudantes em questão. Nesse contato, os pais e/ou responsáveis que concordaram com a participação de seus filhos na pesquisa assinaram o Termo de Consentimento Livre e Esclarecido conforme Resolução do Conselho Nacional de Saúde (196/96) (ANEXO B).

Na Tabela 4, encontramos o número total de estudantes que participaram da amostra.

Tabela 4: Seleção de sujeitos

GRUPO	Estudantes matriculados			Estudantes excluídos			Total de estudantes		
	Fem.	Masc.	Total	Fem.	Masc.	Total	Fem.	Masc.	Total
A	17	18	35	02	03	05	15	15	30
B	14	21	35	02	03	05	12	18	30

Alguns critérios foram utilizados para selecionar os estudantes participantes da pesquisa.

Em relação ao estudante:
- Estar cursando o 4º ano do ensino fundamental I na escola, durante todo o ano letivo;
- Apresentar nível de escrita capaz de produzir textos;
- Participar das avaliações inicial e final e, no mínimo, de 50% dos encontros do Programa de Promoção de Narrativas Escritas.

Em relação à participação dos pais e/ou responsável pelo estudante:
- Assinar o Termo de Consentimento Livre e Esclarecido pelos pais;
- Comparecer à convocação para entrevista;
- Não apresentar queixa sobre possível distúrbio específico de linguagem escrita.

Foram excluídos 10 estudantes da casuística e da análise dos dados por não terem preenchido um ou mais critérios acima descritos. Entretanto, por uma questão ética, todos esses estudantes participaram do Programa de Promoção de Narrativas Escritas, pois eles estavam presentes em sala de aula e seria antieducacional eliminá-los das atividades.

Na Tabela 5 estão relacionados dados individuais dos estudantes que foram excluídos da casuística e da análise da pesquisa.

Tabela 5: Caracterização geral dos estudantes excluídos da pesquisa

Nº	Nome	Sexo	Idade	Grupo	Motivo da exclusão
1	LDS	F	9a5m	A	Estudante saiu da escola
2	MMM	M	9a6m	A	Estudante apresentou nível de escrita pré--silábico, incapaz de produzir textos.
3	MCMR	F	9a2m	A	Estudante apresentou nível de escrita pré--silábico, incapaz de produzir textos.
4	RPF	M	9a5m	A	Estudante apresentou nível de escrita pré--silábico, incapaz de produzir textos.
5	WRV	M	?	A	Pai e/ou responsável não assinou ao Termo de Consentimento Livre e Esclarecido. Estudante apresentou nível de escrita pré--silábico, incapaz de produzir textos.
6	ASG	F	?	B	Pais e/ou responsável faltaram à entrevista
7	MMC	M	8a9m	B	estudante faltou na Avaliação final
8	HJA	M	9a8m	B	Pai e/ou responsável não assinou ao Termo de Consentimento Livre e Esclarecido
9	RCS	M	9a4m	B	Estudante saiu da escola
10	VAS	F	?	B	Estudante entrou na escola em outubro

Desses sujeitos excluídos, quatro foram encaminhados para o Laboratório de Investigação Fonoaudiológica em Leitura e Escrita do curso de fonoaudiologia da Faculdade de Medicina da Universidade de São Paulo para avaliação fonoaudiológica específica, orientações e demais condutas necessárias. Além disso, também foram encaminhados para o referido laboratório cinco sujeitos da casuística (S. 18, 25, 28, 30 e 50) por apresentarem trocas na escrita.

3.5.2 Coleta de dados junto aos pais e/ou responsáveis

Os pais que autorizaram a participação dos seus filhos foram convocados a realizarem uma entrevista individual para preenchimento de uma anamnese e de um questionário sobre letramento na família e dados socioeconômicos. Cada entrevista durou cerca de 30 minutos e, neste momento, houve orientações sobre o trabalho da fonoaudiologia na escola. Nesses encontros foram realizadas as entrevistas com os pais (anamnese) e aplicados os questionários sobre o letramento dirigido à família.

Nas entrevistas foram investigados dados de identificação pessoal dos estudantes, idades e profissões dos pais, números de irmãos e investigação de possíveis comprometimentos de fala, audição e linguagem de cada um deles, número de pessoas que residem na casa e renda familiar. Em relação aos estudantes, foram investigadas possíveis queixas dos pais em relação à fala, linguagem e audição ou em relação ao desempenho escolar, históricos de desenvolvimento motor, de linguagem, problemas de saúde e trajetórias escolares. Foram também averiguados possíveis tratamentos já realizados com especialistas e aspectos sociocomportamentais.

No questionário de letramento foi investigada a escolaridade dos pais, profissão, o gosto pela leitura e escrita, quando e como fazem essas atividades, se incentivam a leitura e escrita aos seus filhos e se costumam contar histórias, de que forma e quais recursos são utilizados. Ao término, os pais foram questionados sobre a importância da escrita.

3.5.3 Coleta de dados junto às professoras

O primeiro contato com as professoras foi individual e anterior às atividades com as classes, durante o período de aula. Foram explicados os procedimentos e objetivos da pesquisa. Foi proposto que as professoras fizessem comentários sobre cada estudante em relação ao desempenho em sala de aula e participação nas atividades. Foi comentado como deveria ser a participação do professor durante o programa de promoção de narrativas e como poderia ser a sua parceria com a pesquisadora. O plano de ensino (planejamento anual) de língua portuguesa foi solicitado e comentado pelas professoras.

Um questionário foi entregue para ser respondido pela professora em outro momento. Foram realizadas perguntas sobre o trabalho em relação à linguagem oral, leitura, escrita, problemas com a escrita, uso de livro didático, atividades com textos e sobre o uso de diversos gêneros textuais. As professoras foram interrogadas sobre a melhor forma de os estudantes receberem instruções, se oralmente ou por escrito, e também em relação à maneira como trabalhavam as histórias (contadas ou lidas), o desempenho dos estudantes frente a estas atividades com histórias e a influência das histórias em outros momentos de escrita.

3.5.4 Coleta de dados das avaliações

3.5.4.1 Avaliação inicial

As duas classes foram trabalhadas separadamente, cada uma em seu próprio período de aulas. No primeiro encontro, todos os estudantes se apresentaram e conheceram a pesquisadora, que explicou como o trabalho seria realizado. Foram distribuídas folhas de papel sem pauta e em branco para toda a classe. Foi solicitado que fizessem uma produção escrita de texto.

O objetivo da avaliação foi conhecer as características da produção escrita dos estudantes antes do trabalho com contos ou leitura de histórias.

Essa avaliação foi solicitada oralmente para os dois grupos mantendo a mesma instrução, tanto para o grupo A (4º ano, manhã), quanto para o grupo B (4º ano, tarde). Todos os estudantes realizaram as produções solicitadas ao mesmo tempo e não foi estabelecido um horário para o término. As professoras foram convidadas para participar, mas não tiveram nenhuma atuação específica.

A solicitação foi a seguinte:
"Imaginem que vocês estão andando em um deserto. De repente, vocês encontram uma bruxa. Agora, vocês vão escrever

na folha uma história sobre o que aconteceu. Usem a folha da forma e do lado que quiserem e escrevam o necessário. Não precisam usar borracha nem fazer linhas".

3.5.4.2 Avaliação final

Ao término do Programa de Promoção De Narrativas foi respeitada uma interrupção de uma semana para que os estudantes percebessem a finalização da proposta. Nessa atividade cada classe foi trabalhada separadamente, no próprio período de aula. A avaliação final foi realizada com os mesmos procedimentos da inicial.

O objetivo de avaliação foi realizar uma produção escrita dos estudantes após o término do trabalho com narrativas, o que possibilitou a comparação dos grupos e análise do desempenho dos estudantes.

A produção de texto foi solicitada a partir do seguinte desafio:
"Imaginem que vocês estão perdidos em uma floresta. De repente, vocês encontram um disco voador. Agora vocês vão escrever na folha uma história sobre o que aconteceu. Usem a folha da forma e do lado que quiserem, e escrevam o necessário. Não precisam usar borracha nem fazer linhas".

3.5.5 Programa de Promoção de Narrativas Escritas

3.5.5.1 Seleção dos livros de histórias

Para a escolha dos livros, a primeira preocupação da pesquisadora foi em apresentar histórias inéditas para as crianças. Foi realizada uma pré-seleção para ser analisada pelas professoras, com o objetivo de evitar o conto ou leitura de livros que já fossem conhecidos pelos estudantes ou trabalhados naquele ano. Após a confirmação e aval das professoras, realizou-se a distribuição dos livros pelas semanas de trabalho, de acordo com o número de páginas e a complexidade gramatical das histórias.

Todos os livros selecionados apresentavam o mesmo gênero discursivo, uma narração com sequência lógico-temporal e coerência textual adequada, que pudesse ser contada ou lida sem ambiguidade. Todos os temas abordados foram cuidadosamente escolhidos e diversificados; tinham a finalidade de possibilitar às crianças liberdade de criar outras histórias, partindo da mesma proposta do livro. Dessa forma, visou-se permitir a reflexão dialógica entre a pesquisadora e os estudantes e possibilitar a criatividade da criança.

3.5.5.2 Encontros semanais

O Programa de Promoção de Narrativas Escritas foi planejado para ser realizado na presença da pesquisadora e da regente de cada classe. Foram realizados encontros semanais, total de 14 encontros, com tempo inicial determinado e duração que variava de acordo com o ritmo de cada criança e com o tamanho do livro de histórias apresentado. Em média, nos dois grupos, cada encontro teve de uma a duas horas de duração. A sequência das histórias trabalhadas foi rigorosamente a mesma para ambos os grupos, porém o procedimento foi diferente.

No grupo A, a história era contada oralmente de modo coloquial pela pesquisadora, mantendo-se o papel de narradora e, dentro do possível, a estrutura original do autor. As falas dos personagens eram contadas pelo discurso indireto para facilitar a compreensão das crianças.

Antes de iniciar a história, sempre era solicitado aos estudantes que não interrompessem a atividade para facilitar a continuidade da história.

No grupo B, a história era lida na íntegra pela pesquisadora. O livro era projetado em uma tela por meio de recurso de retroprojeção e lido pela pesquisadora em voz alta para que os estudantes acompanhassem a leitura do livro e observassem as ilustrações correspondentes. Recursos de mudança de voz nos diálogos dos personagens foram utilizados, realizando mudança prosódica e ênfase ao discurso direto e ao diálogo.

A cada semana, a mesma história era apresentada em cada classe e, antes de iniciá-la, o título do livro e o nome do autor sempre eram enfatizados. Logo após o término da leitura da história era discutido com as classes o tema do livro e quais mensagens poderiam ser extraídas da história. Ao final da discussão, a pesquisadora direcionava a proposta para extrair um tema comum a ambos os grupos. Os estudantes eram motivados para que escrevessem outra história com o mesmo tema.

Após a apresentação da história, a pesquisadora distribuía uma folha em branco e as crianças colocavam o seu nome. Depois, era dada a ordem sempre da seguinte forma:

> "A história de hoje é sobre... (a pesquisadora ouvia os estudantes para introduzir um tema). Então agora, eu tenho certeza que vocês sabem escrever outra história sobre o assunto. Usem a folha da forma e do lado que quiserem, e escrevam outra história. Vocês podem escrever o quanto for necessário. Não precisam usar borracha nem fazer linhas".

Nos Quadros 1 a 14, estão dispostos os livros que foram utilizados a cada semana para leitura ou conto oral das histórias, na sequência em que foram trabalhadas em cada encontro.

Quadro 1: Objetivos e procedimentos do livro utilizado no primeiro encontro do Programa de Promoção de Narrativas Escritas

Problemas com cachorro (Vigna, 2003)	Objetivos	Apresentar uma história lida ou contada oralmente aos estudantes, para trabalhar com o diálogo entre as personagens, o uso do discurso direto e indireto. Motivar a imaginação dos estudantes e a liberdade de expressão entre humanos e animais em histórias.
	Tópicos para discussão	Conversas de crianças com animais; Problemas com cachorro; Invenções; Mentiras.
	Aspectos mais marcantes da história	Essa história apresenta a casa de um menino que tinha um cachorro. O problema deles era que o menino inventava que seu cachorro falava. O pai não gostava nada das invenções e mentiras do filho, mas ao contrário do que se pensava, o cachorro falava mesmo e ainda inventava mentiras. Com o tempo, o menino e o cachorro deixaram de tentar provar a verdade para todos e começaram a inventar brincadeiras. Daí, todos foram esquecendo as invenções do menino. E eles saíram por aí, descobrindo o mundo.

Quadro 2: Objetivos e procedimentos do livro utilizado no segundo encontro do Programa de Promoção de Narrativas Escritas

A descoberta de Miguel (Nunes, 2002)	*Objetivos*	Apresentar uma história lida ou contada oralmente aos estudantes, para trabalhar temática atualizada e a estrutura narrativa. Possibilitar a reflexão do estudante em relação ao cotidiano e a rotina.
	Tópicos para discussão	Assistir somente a programas de TV; Almoçar em frente à TV; Descobrir e inventar brincadeiras simples.
	Aspectos mais marcantes da história	Miguel era uma criança de quatro anos que morava com os pais numa casa grande e bonita. Enquanto seus pais trabalhavam durante o dia, ele ficava com a empregada Maria. Miguel adorava assistir televisão e fazia isso durante o dia inteiro. Deixava para segundo plano até suas refeições e assim não desgrudava dos seus programas de TV. Um dia, a luz acabou e todas as televisões pararam de funcionar. Miguel, a princípio, ficou perdido, mas depois resolveu conhecer o jardim de sua casa e observar o dia, as flores, os animais, o canto dos pássaros. De repente, a luz voltou e Maria logo avisou, mas Miguel nem ligou e continuou a correr e brincar todo feliz pelo jardim.

Quadro 3: Objetivos e procedimentos do livro utilizado no terceiro encontro do Programa de Promoção de Narrativas Escritas

Não me chame de gorducha **(Phillips, 1980)**	Objetivos	Apresentar uma história lida ou contada oralmente aos estudantes, para trabalhar com temáticas polêmicas, uso de verbos no pretérito e estrutura narrativa. Possibilitar a reflexão sobre dificuldades, desafios e preconceitos.
	Tópicos para discussão	Saber lidar com as dificuldades; Lutar para conquistar o que queremos ou aquilo que nos incomoda; Respeitar os colegas de classe; Incentivar os colegas.
	Aspectos mais marcantes da história	Rita era uma menina que vivia com a mãe e o padrasto. Ela estudava numa escola e só pensava em comer. Na escola, ela devorava seu lanche em poucos minutos. De tempos em tempos, era feito um exame médico para acompanhar o desenvolvimento dos estudantes, lá na escola. Seriam aferidos o peso e altura de cada um. Os colegas de classe começaram a rir da colega mais pesada da classe e na aula de artes fizeram retratos, chamando-a de gorducha. Rita ficou muito chateada e resolveu fazer uma dieta. Sua mãe sugeriu que também fizesse ginástica. Rita entrou na aula de natação e se dedicou ao regime. Às vezes, chegou a ficar desanimada e até pensou em desistir, mas seu padrasto e a professora de natação sempre a motivavam para não abandonar o seu objetivo. Rita conseguiu emagrecer e como estava em fase de crescimento foi orientada a não fazer mais dietas rigorosas. Feliz com o resultado, ela se juntou aos seus amigos para voltar para a aula. Com o passar do tempo, ninguém mais se lembrava daquele velho apelido, nem mesmo a própria Rita.

Quadro 4: Objetivos e procedimentos do livro utilizado no quarto encontro do Programa de Promoção de Narrativas Escritas

As maluquices do Doutor Lelé (Noronha, 1982)	Objetivos	Apresentar uma história lida ou contada oralmente aos estudantes, para trabalhar a criatividade, estrutura narrativa e as variações da história, mantendo o mesmo tema. Motivar a escrever outra história com o mesmo personagem.
	Tópicos para discussão	O trânsito das grandes cidades e os cuidados que devemos ter no trânsito; Os problemas de correr demais com um carro; Invenções para ajudar melhorar o trânsito.
	Aspectos mais marcantes da história	Doutor Lelé era um cientista que havia acabado de retornar de férias. Ele estava com saudades de sua casa e do seu bairro na cidade. Como tinha passado um mês na fazenda, havia se esquecido da loucura do trânsito. Para se deslocar na cidade, tentou ir a pé, de ônibus e de táxi, mas foram três tentativas difíceis. Em todas, ficou desesperado, pois em cada uma conseguiu um aborrecimento pior do que o outro. Devido aos problemas do trânsito, o Doutor Lelé resolveu inventar um meio de transporte eficiente. Inventou um carro com asas, um autocóptero e o bandolé, mas todos eram malucos demais e cada um deu um problema. O carro de asas sumiu no céu, o autocóptero destruía as antenas de TV e assustava os animais, o bandolé era muito caro e o prefeito não queria custear. O cientista já estava cansado de pensar em meios para baratear o custo do bandolé, até que olhou para janela e encontrou o carrinho de asas. Ele começou a trabalhar de novo com o carro para que ele não fugisse mais, até que foi testá-lo no trânsito. Quando estava tudo parado e insuportável para esperar, ele abria as asas do carro e passava por cima dos outros carros, sempre risonho e tranquilo.

Quadro 5: Objetivos e procedimentos do livro utilizado no quinto encontro do Programa de Promoção de Narrativas Escritas

A risada de Biriba (Botelho, 1989)	Objetivos	Apresentar uma história lida ou contada oralmente aos estudantes, para trabalhar marcas de subjetividade no texto e relações de causa e efeito. Motivar a escrita de história que relacione ações e sentimentos dos personagens.
	Tópicos para discussão	Procurar a alegria em qualquer condição, por mais difícil que pareça; Contar com a ajuda dos amigos nas situações difíceis; Entender as dificuldades para resolvê-las.
	Aspectos mais marcantes da história	Biriba era um palhaço que trabalhava há muito tempo no Circo Maravilha e Tristonha era uma menina muito infeliz. Ela foi assistir ao espetáculo de Biriba e se tornou uma menina muito alegre. No dia seguinte, Biriba acordou se sentindo meio estranho e percebeu que havia perdido a sua risada. Biriba foi procurar sua risada com a cigana Divinha, que lhe indicou o País do Riso, mas ele não encontrou sua risada e também não quis uma emprestada. De repente, Biriba ouviu a sua risada, olhou e viu uma menina. Tristonha tinha roubado a risada de Biriba. Ele conversou com a menina, que resolveu devolver a risada. Ela aceitou ir com o palhaço até o País do Riso para procurar uma nova risada. Após achar sua risada, Tristonha mudou seu nome para Felícia e foi ajudar Biriba nos espetáculos do circo.

Quadro 6: Objetivos e procedimentos do livro utilizado no sexto encontro do Programa de Promoção de Narrativas Escritas

As férias da bruxa Onilda (Larreula; Capovilla, 1996)	Objetivos	Apresentar uma história lida ou contada oralmente aos estudantes para se trabalhar sobre um mesmo tema já estudado sob outro prisma, ressaltando o seu outro lado ou outra forma de desenvolver o tema. Trabalhar com o discurso indireto para expressar o pensamento de uma personagem.
	Tópicos para discussão	Férias; Confusões na praia; Afogamento; História de bruxas boas e engraçadas.
	Aspectos mais marcantes da história	O verão estava insuportável e a bruxa Onilda resolveu tirar umas férias na praia. Bruxa Onilda gostaria que ninguém a reconhecesse. Então, foi arrumar disfarces, mas eles não deram certo e acabou o sossego dela. Todo mundo queria um autógrafo ou uma consulta. Bruxa Onilda resolveu participar de um campeonato de castelos de areia para fugir da multidão. Como viveu toda sua vida num castelo, ganhou o prêmio: uma prancha de *windsurf*. Ela foi experimentar a prancha e quase morreu afogada. Levaram-na para o hotel para descansar, mas os visitantes não paravam de chegar para tirar fotos ou pedir algo a ela. Então, desesperada, a bruxa tentou fugir pela janela, pegou a vassoura e voou, mas, na pressa, ela não pegou a sua vassoura e sim o esfregão da camareira. A queda foi muito feia e bruxa Onilda precisou ficar internada no hospital. Ela foi engessada, mas nem lá conseguiu descansar. Bruxa Onilda teve alta do hospital e percebeu que precisava tirar férias de suas férias na praia.

Quadro 7: Objetivos e procedimentos do livro utilizado no sétimo encontro do Programa de Promoção de Narrativas Escritas

O pequeno planeta perdido (Ziraldo, 1986)	Objetivos	Apresentar uma história lida ou contada oralmente aos estudantes, para trabalhar com narrativas de ficção.
	Tópicos para discussão	Solidão; Conhecer outro planeta; Importância das outras pessoas na nossa vida.
	Aspectos mais marcantes da história	Um astronauta foi enviado a um planeta perdido, muito distante. Ao chegar lá, o combustível do foguete acabou e o astronauta começou a gritar. Ninguém sabe por qual razão, mas tudo o que ele falava dava para ouvir na Terra. O astronauta gritava o tempo todo e ninguém mais conseguia dormir na Terra. Várias tentativas foram realizadas para acabar com a solidão do astronauta, como enviar comida, livros e música. Nada adiantou e então resolveram mandar Rosa, a namorada do astronauta. Eles ficaram vivendo lá juntinhos e nunca mais se ouviram gritos ou reclamações.

Quadro 8: Objetivos e procedimentos do livro utilizado no oitavo encontro do Programa de Promoção de Narrativas Escritas

Rita, não grita! (Muniz, 1995)	Objetivos	Apresentar uma história lida ou contada oralmente aos estudantes, para trabalhar com marcas de subjetividade. Trabalhar com rima no texto.
	Tópicos para discussão	O problema de sempre querer tudo do seu jeito; Não respeitar a opinião dos outros; Birra; Querer conquistar o que se quer no grito; Falta de educação; Tristeza de não ser bem-aceito em sua escola.
	Aspectos mais marcantes da história	Esta é a história de Rita Magricela, que vivia fazendo birra e não parava de gritar para conquistar o que queria. Nas brincadeiras do recreio, somente ela queria mandar e ser a primeira em tudo, caso contrário, ela gritava. Os amigos não aguentavam mais seus gritos e resolveram se afastar dela. Rita ficou sozinha e muito triste. Um dia, ganhou um presente novo e resolver dividir o brinquedo com seus amigos, sem impor as regras do seu modo. Os amigos ficaram um pouco cautelosos, mas logo perceberam que Rita tinha mudado e para resolver suas dificuldades procurava uma boa solução, sem precisar ficar gritando à toa. Todos voltaram a ser amigos de Rita.

Quadro 9: Objetivos e procedimentos do livro utilizado no nono encontro do Programa de Promoção de Narrativas Escritas

A operação do tio Onofre (Belinky, 1994)	Objetivos	Apresentar uma história lida ou contada oralmente aos estudantes, para trabalhar narrativas policiais. Trabalhar a estrutura destas narrativas. Desvendar a problemática da história para possibilitar a compreensão do texto. Trabalhar com rima no texto.
	Tópicos para discussão	Violência e o perigo de abrir a porta, sem atenção, sem saber quem pode ser. Consequências de tentar enfrentar bandidos.
	Aspectos mais marcantes da história	Talita morava com os pais em uma casa. Ela tinha a mania de dar nomes de gente aos objetos da casa e tinham que ser nomes que rimassem. Seus pais achavam graça e topavam a brincadeira. Numa tarde, Talita abriu a porta de casa sem saber quem era e dois ladrões entraram na casa. Os bandidos pediram para que a mãe de Talita abrisse o cofre. Neste momento, o pai de Talita ligou e os ladrões pediram que ela atendesse logo sem levantar suspeitas e com a condição de não falar a verdade. Ela atendeu ao telefone muito nervosa e disse ao pai que precisava desligar logo porque o tio Onofre estava sendo operado na barriga e corria risco de morte. Os ladrões ficaram tranquilos com a mentira de Talita. Logo depois, o pai chegou na casa com a polícia, que prendeu os bandidos. Ao terminar tudo, a família comentou que as brincadeiras com os objetos da casa, que Talita inventava, tinham salvado Talita e sua mãe dos bandidos, pois o pai, ao entender a charada do tio Onofre, logo chamou a polícia. Passado o susto, todos caíram na gargalhada.

Quadro 10: Objetivos e procedimentos do livro utilizado no décimo encontro do Programa de Promoção de Narrativas Escritas

	Objetivos	Apresentar uma história lida ou contada oralmente aos estudantes, para trabalhar com marcas de subjetividade. Trabalhar estrutura da narrativa.
	Tópicos para discussão	Respeito aos animais; Ajudar a quem nos solicita sem esperar algo em troca.
Franguinho Sebastião (Soares, 1992)	Aspectos mais marcantes da história	Frango Sebastião acordava todos os dias muito cedo e ficava sozinho brincando na fazenda. Ele tinha medo de ser assado pela dona Maria, que toda hora o perseguia. Então, ele resolveu fugir para o mato e, depois de muito andar, se perdeu. Andou muito, até que achou um riacho e nele encontrou um peixe que falava. Ao conversar com o peixe, lamentou que estava perdido, mas não sabia para onde iria porque na sua antiga casa a dona queria lhe matar para comê-lo no jantar. O peixe lhe propôs ajuda. Em troca, o frango deveria encontrar um coquinho verde e o trazer até o riacho. Sebastião encontrou o coquinho e levou para o peixinho. Ao jogar o coquinho no riacho, o peixe se transformou em um homem. O homem explicou que havia sido transformado em peixe porque maltratava os animais e disse também que eles, a partir daquele dia, iriam viver juntos e felizes, respeitando aos animais e as plantas.

Quadro 11: Objetivos e procedimentos do livro utilizado no décimo primeiro encontro do Programa de Promoção de Narrativas Escritas

As confusões de Aninha (Carr, 1985)	Objetivos	Apresentar uma história lida ou contada oralmente aos estudantes, para trabalhar com narrativas de aventura, com marcas de subjetividade e com sequência lógico-temporal
	Tópicos para discussão	Curiosidade, medo, ideias absurdas; Dificuldade para entender o que é certo; Inventar mentiras.
	Aspectos mais marcantes da história	Ana era uma menina travessa. Ela morava com os pais e os avós. A menina estava com o dente mole, com dificuldade para cair. O dente caiu bem no primeiro dia de aula e Aninha não queria que ninguém percebesse, mas logo Caio viu e começou a tirar sarro. Chegando em casa, ela ouviu a vovó falando com a professora que tinha criança com caxumba na classe e quando voltou para escola resolveu pregar uma peça em Caio. Aninha inventou que tinha uma doença que se chamava papo-furado, que deixava a cara da pessoa torta e doía muito. Depois, nesse papo, precisava abrir dois buracos grandes e deles esguichavam um líquido verde. Para parar de vazar era necessário colocar duas rolhas. Caio ficou com caxumba e ficou morrendo de medo do que havia escutado, pensando que era a tal doença. Aninha se divertiu muito ao saber que Caio estava mesmo doente e com muito medo.

Quadro 12: Objetivos e procedimentos do livro utilizado no décimo segundo encontro do Programa de Promoção de Narrativas Escritas

Invasão de pensamento **(Perlman, 1985)**	Objetivos	Apresentar uma história lida ou contada oralmente aos estudantes, para trabalhar narrativas de ficção. Trabalhar com temática de poderes especiais, discutindo os pontos positivos e negativos.
	Tópicos para discussão	Vantagens e desvantagens em saber ou conhecer o pensamento do outro; O que fazer quando sabemos alguma coisa grave?; Gostaríamos de saber que outra pessoa pode ouvir nossos pensamentos?; O que cada um gostaria de saber sobre o pensamento do outro?
	Aspectos mais marcantes da história	Carol estava em sua casa num dia de tempestade e precisava estudar matemática. Ela foi até à janela para olhar os raios que caíam. Carol não gostava de estudar matemática e estava desgostosa com a mesmice do dia a dia. Um raio bem forte iluminou o céu bem perto da janela. A luz forte do raio parecia ter afetado a sua visão. Carol, ao piscar os olhos, conseguia ler o pensamento das pessoas. No dia seguinte, ela fez todos os problemas da prova de matemática lendo o pensamento dos melhores estudantes da turma. Na rua, ela conversava com as pessoas, que ficavam muito irritadas com suas piscadas e se descobriam que ela estava adivinhando seus pensamentos, ficavam furiosas. Chegou seu aniversário e ela perdeu a surpresa do seu presente, descobrindo que iria ganhar uma bicicleta. Carol começou a ficar com medo de descobrir o pensamento dos outros e do que poderia acontecer a ela se alguém descobrisse seus poderes. Carol não queria mais saber de nada. Como começou a chover de novo, pensou que os raios poderiam levar embora o seu poder e foi o que aconteceu. Carol ficou morrendo de vontade de contar sua história para alguém, mas como parecia fantasia, resolveu não contar nada a ninguém.

Quadro 13: Objetivos e procedimentos do livro utilizado no décimo terceiro encontro do Programa de Promoção de Narrativas Escritas

Os porquês do coração (Silva; Silva, 1995)	Objetivos	Apresentar uma história lida ou contada oralmente aos estudantes, para trabalhar marcas de subjetividade. Trabalhar com sentimentos, opiniões.
	Tópicos para discussão	Compreender a morte; Como devemos reagir quando temos saudades.
	Aspectos mais marcantes da história	Mabel era uma criança que morava com os pais. Ela gostava de acordar e ficar perguntando o porquê de todas as coisas que tinha curiosidade. Os pais tentavam responder a tantas perguntas, mas, às vezes, não tinham todas as respostas. No dia de seu aniversário, ela ganhou de presente um lindo peixinho. Mabel adorava o peixinho, brincava, conversava, cuidava, cantava, sempre junto dele. Um dia, quando voltou para casa, o peixinho tinha morrido. Mabel chorou muito a morte do amigo e não se conformava com sua ausência. Um dia, ela encontrou com o peixinho, que lhe pediu que não sofresse mais e sim que lembrasse dele com carinho. Mabel descobriu que o peixinho viveria para sempre no seu coração e que ela poderia encontrá-lo quando desejasse, sempre de um modo feliz e como uma boa lembrança.

Quadro 14: Objetivos e procedimentos do livro utilizado no décimo quarto encontro do Programa de Promoção de Narrativas Escritas

Aventuras no grotão da mata (Machado, 1993)	Objetivos	Apresentar uma história lida ou contada oralmente aos estudantes, para trabalhar com narrativas de aventuras. Trabalhar sequência lógico-temporal.
	Tópicos para discussão	Problema em desobedecer aos pais e combinar com os amigos programas perigosos. Perigos da mata.
	Aspectos mais marcantes da história	Pedro tinha uma família grande e todos moravam na fazenda. A sua vaca de estimação, Catita, tinha desaparecido e todos estavam muito preocupados. Pedro e seus primos resolveram sair de casa bem cedo, sem avisar ninguém, para procurar a vaca Catita. Eles pegaram o cavalo Moleza e se dirigiram para a mata para procurar a vaca amiga. Eles se perderam e depois de andar muito ficaram exaustos. À noite, eles se esconderam numa caverna, o grotão da mata. No meio da noite, dormiram e tiveram sonhos assustadores com exceção de Pedro, que estava confiante. Na manhã seguinte, descobriram que lá dentro era mal-assombrado ao verem ossos de boi espalhados por todo lado. Então, eles saíram correndo de lá e Mariazinha torceu o pé. Após andar bastante, eles acharam o caminho de volta e atrás de uma enorme moita encontraram Catita com seu bezerrinho, que acabara de nascer. Os pais de Pedro acharam os meninos perdidos depois de muita procura. Eles explicaram os perigos da mata e o que poderia acontecer com eles. Depois de uma boa bronca, a família inteira comemorou o nascimento do bezerro de Catita.

3.6 Critérios para análise de dados

Como explicado no item 3.1, Delineamento da pesquisa, este estudo é misto e, portanto, os dados foram analisados de forma qualitativa e quantitativa.

Para cada sujeito foi prevista a realização de 16 produções escritas, sendo uma para a avaliação inicial e uma para a final, produzidos com base em temas pré-estabelecidos. Dessas 16, 14 narrativas foram feitas com base no trabalho com livros de histórias do Programa de Promoção de Narrativas Escritas, perfazendo um total de 863 produções escritas.

Devido ao elevado número de textos, o objetivo não é fazer uma avaliação pormenorizada das produções. Contudo, realizou-se uma análise qualitativa de todas as produções do Programa, apenas quanto à tipologia do discurso e manutenção temática da história.

Para facilitar a visualização dos resultados, os dados estudados foram compilados em tabelas, gráficos e figuras, pontuados quantitativamente e por meio de tratamento estatístico.

3.6.1 Avaliações iniciais e finais

Cada produção escrita foi analisada qualitativa e quantitativamente por meio de critérios adaptados, neste estudo, (Tabelas 7, 8 e 9) de alguns pressupostos teóricos do linguista francês Dominique Maingueneau (2002) sobre as competências comunicativas. Foram analisadas as 120 produções escritas, produzidas em avaliações iniciais e finais de cada grupo, quanto aos diferentes tipos de competências comunicativas.

Quanto à competência genérica, os aspectos tipológicos foram analisados e foi criada uma classificação qualitativa das produções de acordo com Dolz, Noverraz e Scheneuwly (2004). Na classificação da tipologia de discurso das produções escritas, não foram estabelecidas pontuações, uma vez que não houve direcionamento do que deveria ser produzido em ambas as avaliações.

Tabela 6: Competência genérica – Classificação dos aspectos tipológicos[1] observados nas produções escritas segundo critérios de Dolz, Noverraz e Scheneuwly (2004)

Descrição	Classificação
Aspectos tipológicos	**Narração:** *mimeses da ação por meio da criação da intriga, ações do imaginário que possui estrutura formada por introdução, conflito/nó, conclusão e consta na produção: caracterização do personagem, tempo, espaço, foco da narrativa.* **Relato:** *representação pelo discurso de experiências vividas, situadas no tempo.* **Argumentação:** *constitui-se do uso de ideias ou argumentos para convencer. Sustentação, refutação e negociação de tomadas de posição.* **Exposição:** *tem como função específica fazer compreender e pode informar ou ensinar a fazer a apresentação textual de diferentes formas dos saberes.* **Descrição:** *pode ser de ação, física, psicológica ou de ambiente, sendo a regulação mútua de comportamentos.*

([1]) Na classificação das tipologias das produções escritas, observou-se, muitas vezes, a utilização de uma tipologia mista, com o uso de mais de uma tipologia de discurso, contudo, o critério adotado para a classificação foi a intenção predominante do escritor demonstrada na produção escrita.

Tabela 7: Competência genérica – Critérios de pontuação para análise quantitativa do uso de gênero discursivo

Descrição	Classificação	Pontuação
Uso do gênero discursivo	Utilizou adequadamente o(s) tipo(s) textual(ais) desenvolvido(s). Utilizou parcialmente adequado o(s) tipo(s) textual(ais) desenvolvido(s). Utilizou inadequadamente o(s) tipo(s) textual(ais) desenvolvido(s).	2 pontos 1 ponto 0 ponto

Quanto à competência enciclopédica, foi analisado o desenvolvimento do discurso produzido em relação à temática solicitada, se o estudante manteve-se fiel à coerência temática e o uso de título. Estão relacionados abaixo (Tabela 8), os aspectos qualitativos considerados importantes e esperados, segundo a ótica da pesquisadora, para as produções escritas e a pontuação estabelecida para cada critério apresentado.

Tabela 8: Competência enciclopédica – Critérios de pontuação para análise qualitativa e quantitativa sobre o conhecimento e manutenção temática e o uso de título

Descrição	Classificação	Pontuação
Conhecimento enciclopédico	Demonstrou ter conhecimento sobre o tema. Demonstrou parcialmente ter conhecimento sobre o tema. Não demonstrou ter conhecimento sobre o tema.	2 pontos 1 ponto 0 ponto
Fidedignidade ao tema proposto	Manutenção ao tema. Manutenção parcial ao tema. Não manteve.	2 pontos 1 ponto 0 ponto
Uso de título	Utilizou título, relacionando-o a produção textual. Utilizou título, mas não o relacionou ao modelo de produção apresentado. Não utilizou título.	2 pontos 1 ponto 0 ponto

Quanto à competência linguística, alguns aspectos que demonstram o domínio da língua em questão, por meio de alguns elementos linguísticos úteis ao estudo dos textos, foram analisados quantitativamente. Na Tabela 9 são observadas as classificações e pontuações dos aspectos linguísticos analisados quanto à colocação de narrador, indicação de dêiticos temporais e espaciais, uso do tempo verbal, organização sequencial, marcas de subjetividade, marcação de discurso dos personagens, definição dos parágrafos, extensão das produções escritas e uso adequado de pontuação.

Tabela 9: Competência linguística – Critérios de pontuação para análise qualitativa e quantitativa

Descrição	Classificação	Pontuação
Colocação do narrador/personagens	Coloca-se adequadamente como narrador ou narrador-personagem. Manteve parcialmente a posição do narrador. Confundiu a posição do narrador.	2 pontos 1 ponto 0 ponto
Indicações de dêiticos temporais e espaciais	Adequado. Parcialmente adequado. Inadequado.	2 pontos 1 ponto 0 ponto
Uso do tempo verbal prospectivo (passado simples / imperfeito).	Adequado. Parcialmente adequado. Inadequado.	2 pontos 1 ponto 0 ponto
Organização hierarquizada – sequência com elementos que constituem uma unidade global.	Adequado. Parcialmente adequado. Inadequado.	2 pontos 1 ponto 0 ponto
Marcas de subjetividade e substantivos de qualidade – referente pelos atos de enunciação.	Adequado. Parcialmente adequado. Inadequado.	2 pontos 1 ponto 0 ponto

(continua)

Marcação do discurso direto – repete as palavras de outro ato de enunciação e dissocia dois sistemas enunciativos.	Adequado. Parcialmente adequado. Inadequado.	2 pontos 1 ponto 0 ponto
Parágrafos – modo de espacialização textual: define unidades de sentido, quebrando o caráter linear do texto.	Adequado. Parcialmente adequado. Inadequado.	2 pontos 1 ponto 0 ponto
Extensão das produções escritas	Longo: desenvolveu mais que 5 parágrafos. Médio: desenvolveu de 2 a 4 parágrafos. Curto: desenvolveu 1 parágrafo.	2 pontos 1 ponto 0 ponto
Pontuação	Suficiente e adequada, na maioria dos parágrafos. Insuficiente ou inadequada. Ausente.	2 pontos 1 ponto 0 ponto

Serão analisadas qualitativamente e exemplificadas as produções de texto da avaliação inicial e final de três estudantes de cada turma, com níveis de desempenho diferentes (ótimo, médio e regular), possibilitando uma maior elucidação das características de cada produção realizada e uma comparação dos resultados obtidos nas produções textuais das avaliações iniciais e finais.

A pontuação das produções textuais foi classificada de acordo com a porcentagem obtida na avaliação inicial, conforme pode ser visualizado na Tabela 10.

Procurou-se, dentro dessa faixa de classificação, conciliar valores percentuais similares ou próximos entre os estudantes do grupo A e grupo B, com a finalidade de averiguar a evolução dos estudantes e a comparação entre os grupos por meio de produções que serão tomadas como exemplos de cada grupo.

Tabela 10: Classificação da porcentagem obtida nas avaliações inicial e final

Pontuação	Classificação
Acima de 61%	Ótimo
31% a 60%	Médio
0 a 30%	Regular

3.6.2 Produções dos Programas de Promoção de Narrativas Escritas

Conforme já foi explicitado anteriormente, devido ao elevado número de materiais, as produções escritas durante os quatorzes encontros do programa de promoção de narrativas escritas foram analisadas de forma simplificada quanto à tipologia do discurso e manutenção temática. Como o trabalho com livros de história foi exclusivamente com narrativas, esperava-se que a produção dos estudantes seguisse esta mesma estrutura tipológica. Neste sentido, a pontuação foi classificada de acordo com a estrutura da narrativa e a relação desta produção e a proposta de cada programa. Na Tabela 11 estão apresentados os critérios de pontuações.

Tabela 11: Critérios de pontuação para as produções dos Programas de Promoção de Narrativas Escritas

Descrição	Pontuação
Desenvolveu outra narrativa com organização hierarquizada, mantendo temática proposta.	6 pontos
Desenvolveu outra narrativa com organização hierarquizada, não mantendo temática proposta.	5 pontos
Desenvolveu outra narrativa com organização hierarquizada parcial, mantendo temática proposta.	4 pontos
Desenvolveu outra narrativa com organização hierarquizada parcial, não mantendo temática proposta.	3 pontos
Paráfrase completa.	2 pontos
Paráfrase incompleta.	1 ponto
Não desenvolveu narrativa.	0 ponto

Foi feita uma análise qualitativa das produções escritas do Programa de Produção de Narrativas Escritas apenas dos sujeitos que obtiveram pontuação menor ou igual a 15% de acertos na análise das competências comunicativas durante a avaliação inicial. As produções desses sujeitos (n=8) foram analisadas qualitativamente quanto à competência genérica em relação à tipologia do discurso, quanto à enciclopédica, quanto à fidedignidade ao tema, quanto à competência linguística e quanto à organização sequencial. Os critérios de pontuação estão apresentados na Tabela 12.

Tabela 12: Critérios de pontuação de análise qualitativa e quantitativa das produções escritas do Programa de Produção de Narrativas Escritas

Competência	Descrição	Classificação	Pontuação
Genérica	Aspectos tipológicos	**Narração:** *mimeses da ação por meio da criação da intriga, ações do imaginário que possui estrutura formada por introdução, conflito/nó, conclusão e consta na produção, identificação do personagem, tempo, espaço, foco da narrativa.* **Relato:** *representação pelo discurso de experiências vividas, situadas no tempo.* **Argumentação:** *constitui-se do uso de ideias ou argumentos para convencer. Sustentação, refutação e negociação de tomadas de posição.* **Exposição:** *tem como função específica fazer compreender e pode informar ou ensinar a fazer a apresentação textual de diferentes formas dos saberes.* **Descrição:** *pode ser de ação, física, psicológica ou de ambiente, sendo a regulação mútua de comportamentos.*	Sem valor
Enciclopédica	Fidedignidade ao tema proposto	Manutenção ao tema. Manutenção parcial ao tema. Não manteve.	2 pontos 1 ponto 0 ponto
Linguística	Organização hierarquizada	Adequado. Parcialmente adequado. Inadequado.	2 pontos 1 ponto 0 ponto

Com base nesses critérios, analisaram-se as produções textuais iniciais e finais de cada estudante e os dados quantitativos foram tratados estatisticamente. Realizou-se, também, uma análise mais pormenorizada das avaliações iniciais e finais de três estudantes de cada grupo para exemplificar cada categoria classificada, buscando verificar a evolução dos estudantes após os programas. Os resultados obtidos serão apresentados no próximo capítulo.

4. Resultados e discussões

Neste capítulo serão apresentados os resultados sobre os dados de letramento dos estudantes e suas famílias, as características dos grupos e de suas professoras, a comparação entre os grupos em relação aos resultados obtidos nas avaliações inicial e final, análise das competências comunicativas, exemplos das produções de seis estudantes com base nos níveis de classificação de desempenho, e algumas considerações sobre os estudantes com dificuldades de produzir textos.

4.1 Letramento dos estudantes

O dado de letramento informal dos estudantes foi obtido por meio de entrevista com os pais e/ou responsáveis, realizadas no início do trabalho na escola. A participação dos pais, na primeira etapa, teve a finalidade de adquirir dados relevantes, como queixas escolares, antecedentes, histórico escolar, dados de desenvolvimento e saúde e dados de letramento sobre o estudante, para traçar o perfil de cada grupo trabalhado.

As principais queixas dos pais em relação à leitura de seus filhos foram silabação e falta de compreensão do conteúdo lido. No grupo A, encontraram-se seis pais que relataram essas dificuldades na leitura de seus filhos. Já, no grupo B, 11 pais entrevistados apresentaram queixas de leitura, com maior ênfase na falta de compreensão desta.

Em relação às dificuldades na escrita, os pais de ambos os grupos apresentaram queixas como troca de letras e problemas de ortografia, sendo maior o número de pais com queixas no grupo B. Alguns pais do grupo B apresentaram queixas da escrita de seus filhos, como: confusão entre letras, dificuldades com palavras novas e dificuldades de alfabetização, referindo-se a não saber ler o que escrevem, não juntar letras e haver necessidade de ditar letra por letra para que seus filhos consigam escrever.

Essas dificuldades relatadas pelos pais em relação à leitura e à escrita correspondem aos achados nacionais. De acordo com pesquisas do INEP realizadas por Pinto, Sampaio e Brant (2003) foram encontrados dados que comprovam a diminuição dos índices de analfabetismo, entretanto, os pesquisadores afirmam que apesar de terem diminuído consideravelmente esse índice, ainda não são satisfatórios, porque o sistema educacional brasileiro continua a formar analfabetos. Encontram-se 4,2% das crianças de 10 a 14 anos e 3,2% dos jovens de 15 a 19 anos ainda analfabetos e outro indicador alarmante é que 35% dos analfabetos brasileiros já frequentaram a escola.

Os dados de letramento dos estudantes podem ser observados nas Tabelas 13 e 14.

Tabela 13: Dados de letramento dos estudantes – grupo A (manhã)

S	Dificuldade na leitura	Dificuldade na escrita	Materiais de leitura	Gosto pela leitura
1	Não	Não	Livros, revistas	Sim
2	Não	Junta as palavras	Livros da escola	Não
3	Não	Não	Não	Não
4	Não	Troca as letras	Livros, gibis	Não
5	Não	Não	Não	Não
6	Não	Troca as letras	Livros, gibis, jornal, revista	Sim
7	Não	Troca as letras	Gibis	Não
8	Não	Não	Histórias bíblicas, contos, revistas	Sim
9	Leitura silabada	Não	Livros de histórias, revistas, jornais	Não
10	Não	Desconhece o que é letra, palavra	Gibis, livros, livros didáticos	Sim
11	Não	Não	Livros, revistas	Não
12	Leitura silabada	Troca as letras	Gibis, livros de histórias	Não
13	Não	Não	Livros, revistas	Sim
14	Não	Não	Livros, jogos de leitura	Não
15	Não	Não	Livros de histórias	Não
16	Não	Não	Livros de história, gibis	Sim
17	Não	Não	Livros, gibis	Sim
18	Troca as letras	Não	Livros, revistas	Sim
19	Não	Não	Gibis, *Bíblia*	Sim
20	Não	Não	Livros, gibis	Sim
21	Leitura silabada	Não	Livros, gibis	Sim
22	Não	Ortografia	Livros, revistas, gibis	Sim
23	Leitura silabada	Troca as letras	Gibis, revistas	Não
24	Não	Não	Livros, revistas, gibis	Não

(continua)

25	Não	Não	Livros, revistas, agenda	Sim
26	Não	Não	Livros, revistas	Sim
27	Não	Não	Revistas, livros da escola	Sim
28	Não	Não	Não	Não
29	Não	Não	Livros, gibis	Não
30	Perde-se no meio da palavra	Tem dificuldade com algumas palavras	Livros, gibis	Sim

Tabela 14: Dados de letramento dos estudantes – grupo B (tarde)

S	Dificuldade na leitura	Dificuldade na escrita	Materiais de leitura	Gosto pela leitura
31	Não	Não	Livros de histórias bíblicas, gibis	Sim
32	Não	Não	Livros de histórias	Não
33	Não	Não	Não	Não
34	Não	Não	Livros e gibis	Sim
35	Leitura silabada	Erra letras	Gibis, revistas e livros	Sim
36	Dificuldade na pontuação	Não sabe ler o que escreve	Livros	Não
37	Não	Não	Gibis, revistas e livros	Sim
38	Não junta as letras	Precisa que dite as letras	Gibis, revistas e livros	Não
39	Leitura silabada	Precisa que dite as letras	Livros e revistas	Não
40	Não	Não	Não	Sim
41	Sílabas complexas	Não	Gibis, revistas e livros	Não
42	Não	Não	Livros e revistas	Sim
43	Não	Não	Não	Não
44	Não	Troca as letras	Gibis, revistas e livros	Sim
45	Não	Não	Gibis, revistas e livros	Sim
46	Não	Não	Livros	Não

(continua)

47	Não	Não	Livros e gibis	Sim
48	Não	Não	Gibis, revistas e livros	Não
49	Não	Não	Livros	Sim
50	Pula pedaços da palavra	Confunde m e n	Livros e gibis	Sim
51	Lentidão	Palavras novas	Livros e gibis	Sim
52	Não	Não	Não	Sim
53	Não	Não	Livros (utiliza a biblioteca)	Sim
54	Dificuldade para entender	Não	Livros e gibis	Sim
55	Dificuldade para entender	Troca as letras	Não	Sim
56	Não	Ortografia	Livros e enciclopédias	Sim
57	Não	Não	Gibis, revistas e livros	Sim
58	Dificuldade para entender	Não	Não	Sim
59	Pula pedaços da palavra	Não	Livros e revistas	Sim
60	Troca as palavras	Não junta as letras	Livros	Sim

A maioria dos pais afirma possuir materiais de leitura em casa, sendo os mais citados livros, gibis e revistas em ambos os grupos. No grupo B, encontrou-se um número maior de crianças (n = 6) que não apresentam esses materiais em casa, apesar de ser constatado neste grupo o gosto pela leitura como entretenimento. Os pais reconhecem o gosto pela leitura dos filhos em 16 estudantes no grupo A e 21 no grupo B.

Com base nessa classificação simples, os dados foram encaminhados para tratamento estatístico, realizado por um profissional da área.

A análise de dados foi tratada por meio do teste de quiquadrado, que é indicado para verificar diferenças na distribuição de uma característica categorizada (duas ou mais categorias) em função de outra também categorizada e mede o grau de relacionamento entre as duas características, em amostras independentes. Em alguns casos, o teste de quiquadrado não pôde ser aplicado em função da baixa frequência observada em algumas classificações (MAXWELL; SATAKE, 1997). O nível de significância considerado foi de 0,05 (5%) e a aplicação foi restrita aos casos em que a incidência permitiu.

Nas Tabelas 15, 16, 17 e 18 estão apresentados os dados comparativos dos grupos em relação às dificuldades em leitura e escrita, materiais de leitura utilizados e gosto pela leitura.

Tabela 15: Dados obtidos em anamnese em relação às dificuldade das crianças na leitura

	Classificações das respostas obtidas	Grupo				Total	
		A		B			
Dificuldades na leitura		N	%	N	%	N	%
	Compreensão	0	0%	3	10,00%	3	5,00%
	Codificação	6	20,00%	8	26,97%	14	23,33%
	Lentidão	0	0%	1	3,33%	1	1,67%
	Não apresentou queixa	24	80,00%	18	60,00%	42	70,00%
	Total	30	100%	30	100%	60	100%

Conclui-se, a partir da Tabela 15 que, em ambos os grupos, a maioria dos pais não apresentou queixas em relação a dificuldades de leitura de seus filhos. A codificação é preocupação dos pais de ambos os grupos, em que seis pais do grupo A e 8 do grupo B apresentaram essa queixa. Nota-se que as demais queixas de compreensão e lentidão na leitura foram somente apresentadas por pais do grupo B. Tais dados contrariam os achados de Spindola (2001) que constatou em sala de aula que uma das grandes dificuldades do estudante é a interpretação do texto. A autora percebe que na maioria das vezes o estudante não consegue compreender a mensagem e muito menos chegar às entrelinhas.

Tabela 16: Dados obtidos em anamnese em relação às dificuldade das crianças na escrita

	Classificações das respostas obtidas	Grupo				Total	
		A		B			
		N	%	N	%	N	%
Dificuldades na escrita	Ortográfica	6	20%	5	16,67%	11	18,30%
	Relação grafema-fonema	1	3,33%	4	13,33%	5	8,33%
	Palavras novas	1	3,33%	1	3,33%	2	3,33%
	Conceito de palavra	1	3,33%	0	0%	1	1,70%
	Não apresentou queixa	21	70,00%	20	66,70%	41	68,30%
	Total	30	100%	30	100%	60	100%

Na Tabela 16 também pode-se acompanhar que a maioria dos pais não apresenta queixas em relação às dificuldades de seus filhos na escrita. A preocupação com a ortografia foi lançada por 11 pais, o que representa 18,30% da amostra. Não houve grandes diferenças entre os grupos, pois seis pais eram do grupo A e cinco do grupo B.

Apesar de não ser um aspecto considerado pelos pais com filhos dessa escola, constatou-se por meio da avaliação realizada nas escolas públicas que mais da metade dos estudantes brasileiros apresentam dificuldades em relação a competências e habilidades elementares de leitura (INEP, 2005).

Tabela 17: Dados obtidos em anamnese em relação aos materiais de leitura utilizados em casa por seus filhos

	Respostas obtidas	Grupo				Total	
		A		B			
		N	%	N	%	N	%
Materiais de leitura em casa	Gibis	2	6,67%	0	0%	2	3,33%
	Livros de histórias	2	6,67%	6	20,00%	8	13,33%
	Gibis e livros de histórias	20	66,67%	14	46,67%	34	56,67%
	Livros didáticos	1	3,33%	1	3,33%	2	3,33%
	Livros de histórias e revistas	0	0%	3	10,00%	3	5,00%
	Gibis e livros didáticos	2	6,67%	0	0%	2	3,33%
	Não utiliza	3	10,00%	6	20,00%	9	15,00%
	Total	30	100%	30	100%	60	100%

Pode-se acompanhar na Tabela 17 que em mais da metade da população ouvida (56,67%) os materiais de leitura mais utilizados em casa por seus filhos são os gibis e livros de histórias; correspondendo a 20 pais do grupo A e 14 do grupo B. É importante mencionar que nessa população de 60 estudantes, 15% não se utilizam ou não possuem em casa nenhum material de leitura. Apesar do número não ser relevante em quantidade, é preocupante a questão de que estudantes em plena atividade escolar não se interessem em utilizar materiais de leitura em casa. Se não existem possibilidades financeiras, que muitas vezes cerceiam a obtenção de materiais, existem recursos como empréstimos na biblioteca escolar e na biblioteca do bairro. A partir da Tabela 18 é possível comprovar essa ideia, quando 40% dos pais opinam que seus filhos não gostam de ler. Esses dados podem ser refletidos e corroborados com

Mendes (2003) o qual indica que a "crise da leitura" e o "desgosto pela leitura" têm suas raízes na fase inicial da escolarização, nas condições em que se produz o ensino da leitura e da escrita. Para o autor, o processo de desconsideração por materiais escritos se agrava ao longo da escolaridade, do modo que é comum encontrar estudantes nas últimas séries do ensino fundamental que nunca leram um livro inteiro.

Tabela 18: Dados obtidos em anamnese em relação à opinião dos pais sobre o gosto pela leitura de seus filhos

Gosto pela leitura	Opinião dos pais	Grupo				Total	
		A		B			
		N	%	N	%	N	%
	Não	14	46,67%	9	30,0%	23	38,33%
	Sim	16	53,33%	21	70,0%	37	61,67%
Total		30	100%	30	100%	60	100%

Ao analisar a Tabela 18, aplicando-se o teste de quiquadrado, é encontrado o valor (p) = 0,2882. Esse valor não pode ser considerado como diferença significante entre os dois grupos.

Em uma comparação geral, o grupo A apresenta poucas diferenças em relação ao grupo B, entretanto, os grupos não são homogêneos, uma vez que no grupo A percebe-se pais com menor quantidade de queixas, maior aquisição de materiais de leitura e no grupo B, além de ser maior o número das queixas, elas são bem pontuais e preocupantes, como as relacionadas às dificuldades na alfabetização. No entanto, os pais apontam que seus filhos apresentam o hábito da leitura, gostam de fazê-lo e possuem materiais de leitura em casa, principalmente livros de histórias e gibis. Esses dados corroboram com Santos (1993) que em sua pesquisa para conhecer a visão dos pais sobre o comportamento de leitura das crianças e adolescentes entrevistou 45 mães e encontrou que as crianças e adolescentes leem muito, em geral cumprindo exigências escolares. Em relação aos materiais mais utilizados para a leitura, como entretenimento, a pesquisadora também encontrou a preferência por gibis e livros.

4.2 Letramento dos familiares dos estudantes

Os dados sociais e de letramento dos familiares dos estudantes foram obtidos por meio do Questionário sobre letramento familiar (Anexo C). Esse questionário investiga os hábitos de leitura e escrita e complementa com os dados sociocupacionais das famílias.

Os grupos A e B apresentaram características bem semelhantes, referentes ao nível de escolaridade, ocupação dos pais e estratificação social. O nível de escolaridade foi classificado de acordo com os níveis de ensino completados pelos pais dos estudantes. Na classificação sociocupacional, seguiu-se a proposta de Januzzi (2003), que define cinco divisões sociais das ocupações brasileiras: alta, médio-alta, média, médio-baixa e baixa. Na Tabela 19 e 20 apresentam-se os dados percentuais para possibilitar uma visão do perfil de cada grupo.

Tabela 19: Perfil da classificação do nível de escolaridade dos pais dos estudantes

Classificação	Pai				Mãe			
	Grupo A		Grupo B		Grupo A		Grupo B	
	N	%	N	%	N	%	N	%
Ignorado/falecido	6	20%	9	30%	2	6,67%	1	3,33%
Fundamental incompleto	11	36,66%	9	30%	16	53,33%	16	53,33%
Fundamental completo	3	10%	5	16,67%	2	6,67%	5	16,67%
Médio incompleto	2	6,67%	1	3,33%	3	10%	2	6,67%
Médio completo	4	13,33%	5	16,67%	5	16,67%	5	16,67%
Superior incompleto	2	6,67%	0	0%	1	3,33%	0	0%
Superior completo	2	6,67%	1	3,33%	1	3,33%	1	3,33%
Total	30	100%	30	100%	30	100%	30	100%

Tabela 20: Perfil da classificação socioeconômica dos pais dos estudantes

Classificação	Pai				Mãe			
	Grupo A		Grupo B		Grupo A		Grupo B	
	N	%	N	%	N	%	N	%
Ignorado/falecido	6	20%	9	30%	2	6,67%	1	3,33%
Baixo	6	20%	4	13,33%	20	66,67%	17	56,67%
Médio-baixo	8	26,67%	10	33,33%	2	6,67%	5	16,67%
Médio	8	26,67%	5	16,67%	5	16,67%	5	16,67
Médio-alto	0	0%	2	6,66%	1	3,33%	2	6,66%
Alto	2	6,66%	0	0%	0	0%	0	0%
Total	30	100%	30	100%	30	100%	30	100%

Os grupos apresentam percentuais com diferenças mínimas tanto para nível de escolaridade quanto para a classificação socioeconômica dos pais e mães dos estudantes. Pode-se notar que a grande maioria dos pais está concentrada no nível baixo e médio-baixo, pois muitos pais não chegaram a completar o ensino fundamental.

Oliveira (2001) encontrou em sua investigação sobre a análise de renda *per capita* e desigualdades educacionais em municípios brasileiros dados semelhantes aos encontrados nesta pesquisa, sendo que há correlação das camadas sociais mais desfavoráveis com o nível de escolaridade. Nesta pesquisa, o quadro socioeducacional acompanha os dados brasileiros levantados pelo autor.

Nos Apêndices C, D, E e F estão dispostos aspectos relevantes do letramento familiar, além do grau de escolaridade, profissão dos pais e renda per capita, feitos por meio de uma classificação simples.

A partir da classificação simples sobre o letramento familiar foi realizado um tratamento estatístico comparando os dois grupos em relação a este aspecto, que pode ser visualizado na Tabela 21.

Tabela 21: Dados obtidos pelo questionário de letramento familiar em relação ao gosto pela leitura dos pais

Gosto pela leitura	Grupo				Total	
	A		B			
	N	%	N	%	N	%
Não	8	26,67%	11	36,67%	19	31,67%
Sim	22	73,33%	19	63,33%	41	68,33%
Total	30	100%	30	100%	60	100%

Encontra-se no grupo A o maior número de pais que gostam de ler e mantém o hábito em casa. Entretanto, ao analisar a Tabela 21, por meio do teste de quiquadrado, encontra-se o valor de (p) = 0,5789. E esse valor confirma que não existe diferença significante entre os grupos A e B. Embora em menor número, se comparado ao grupo A, no outro grupo, o gosto foi afirmado por 19 pais, sendo que na soma dos dois grupos 68,33% dos pais entrevistados expressaram o hábito de ler como prazeroso.

Tabela 22: Dados obtidos pelo questionário de letramento familiar em relação aos hábitos de leitura dos pais

	Tipos de materiais	Grupo				Total	
		A		B			
		N	%	N	%	N	%
Hábitos de leitura	Bíblia	2	6,67%	4	13,33%	6	10,00%
	Livros de história	3	10,00%	2	6,67%	5	8,33%
	Livros didáticos	1	3,33%	0	0%	1	1,67%
	Revistas, jornal	6	20,00%	11	36,67%	17	28,33%
	Revistas, jornal, livros	7	23,33%	4	13,33%	11	18,34%
	Revistas, jornal, Bíblia, livros	5	16,67%	3	10,00%	8	13,33%
	Não costuma ler	6	20,00%	6	20,00%	12	20%
	Total	30	100%	30	100%	60	100%

Pela análise da Tabela 22, encontra-se no grupo B o maior percentual (36,67%) de tipo de materiais mais utilizados: uso do jornal e da revista. Para os materiais, o grupo A apresentou um percentual bem menor (20%) e o maior percentual para o grupo foi de 23,33%, incluindo o livro como muito utilizado, além da revista e do jornal. Os pais que não costumam ler mantiveram-se equiparados nos dois grupos (20%).

Tabela 23: Dados obtidos pelo questionário de letramento familiar em relação aos hábitos de escrita dos pais

	Tipos de materiais	Grupo				Total	
		A		B			
		N	%	N	%	N	%
Hábitos de escrita	Permeados pela oralidade	8	26,67%	10	33,33%	18	30,00%
	Permeados pela oralidade e escrita (misto)	3	10,00%	6	20,00%	9	15,00%
	Permeados pela escrita	3	10,00%	4	13,34%	7	11,67%
	Não costuma escrever	16	53,33%	10	33,33%	26	43,33%
	Total	30	100%	30	100%	60	100%

Observando-se a Tabela 23, verifica-se que a maioria dos pais dos dois grupos não demonstra interesse ou hábito em utilizar-se da escrita. No grupo A, 53,33% não costumam escrever, e no grupo B, 33,33% também não possuem esse hábito. Quando escrevem, utilizam-se de materiais permeados pela oralidade, na maioria dos dois grupos, como bilhetes e e-mails, sendo a porcentagem de 26,67% no grupo A e 33,33% no grupo B. Os menores percentuais nos dois grupos foram de materiais permeados pela escrita como relatórios e textos, com 10% no grupo A e 13,34% no grupo B. Esses dados se aproximam da realidade da educação no Brasil, pois segundo o INEP (2005), por meio da Pesquisa Nacional de Qualidade da Educação, realizada pelo Instituto Nacional de Estudos e Pesquisas Educacionais Anísio Teixeira (INEP), os pais dos estudantes brasileiros apresentam baixa escolaridade e pouca renda. De acordo com a pesquisa, é necessário e de extrema importância identificar os efeitos de fatores familiares e pessoais no nível de proficiência, como, por exemplo, o hábito da leitura, pois é uma das mais importantes dimensões explicativas do desempenho de estudantes, que encontra-se em sua origem familiar. A pesquisa atribui que o nível de escolaridade dos pais e seus hábitos culturais são uma das causas de baixo desempenho escolar.

Tabela 24: Dados obtidos pelo questionário de letramento familiar em relação ao incentivo à leitura dos pais para os filhos

Incentivo à leitura	Grupo				Total	
	A		B			
	N	%	N	%	N	%
Não	4	13,33%	3	10,00%	7	11,67%
Sim	26	86,67%	27	90,00%	50	88,33%
Total	30	100%	30	100%	60	100%

Verifica-se que ambos os grupos incentivam o hábito de leitura de seus filhos. Cerca de 89% dos pais consideram importante a leitura e promovem ações como compra de livros, jornais e revistas, além de motivarem seus filhos para ler mais. Esse dado pode ser considerado controverso, pois o fato de comprar livros e solicitar que os filhos leiam mais não significa que realmente tais ações sejam suficientes. Cárnio et al (2006) pesquisaram sobre as estratégias utilizadas para o incentivo dos filhos em atividades que envolviam leitura e escrita e verificaram que os pais reconhecem o valor da leitura e escrita, mas não sabem como incentivar seus filhos, utilizando estratégias pouco apropriadas, apesar de disponibilizarem materiais de leitura.

Ao analisar a Tabela 24, por meio do teste de quiquadrado, encontra-se (p) = 1,0000. Na comparação entre grupos A e B, este valor não pode ser considerado como diferença significante.

Tabela 25: Dados obtidos pelo questionário de letramento familiar em relação ao hábito dos pais em contar ou ler histórias para seus filhos

Hábito de contar ou ler histórias	Grupo				Total	
	A		B			
	N	%	N	%	N	%
Não	16	53,33%	11	36,67%	27	45,00%
Sim	14	46,67%	19	63,33%	33	55,00%
Total	30	100%	30	100%	60	100 %

Ao analisar a Tabela 25, verifica-se que um pouco mais da metade dos pais (55%) mantém o hábito de contar histórias ou ler para os filhos. Apesar de o grupo B ter o maior número de pais que promove tal prática, essa diferença não pode ser considerada significante em relação do grupo A, conforme a análise estatística comprovou por meio do teste de quiquadrado, em que se encontrou o valor de (p) = 0,2993.

Tabela 26: Dados obtidos pelo questionário de letramento familiar em relação aos tipos de conto ou leitura realizada com os filhos

	Tipos de materiais	Grupo A		Grupo B		Total	
		N	%	N	%	N	%
Hábitos de Leitura	Conto de histórias infantis	5	16,67%	6	20%	11	18,33%
	Leitura de histórias infantis	7	23,33%	10	33,34%	17	28,33%
	Conto de histórias de família	2	6,67%	1	3,33%	3	5,00%
	Incentiva a leitura de gibi	0	0%	1	3,33%	1	1,67%
	Ouve CD de histórias	0	0%	1	3,33%	1	1,67%
	Bíblia e livros evangélicos	0	0%	1	3,33%	1	1,67%
	Não costuma ler ou contar	16	53,33%	10	33,34%	26	43,33%
	Total	30	100%	30	100%	60	100%

Nota-se que apesar de os pais referirem que incentivam a leitura dos filhos e promovem meios para motivar o hábito, são poucos os pais que contam ou leem histórias. No entanto, apesar da diferença numérica em relação aos hábitos e gosto pela leitura e escrita dos estudantes dos dois grupos, não existe diferença significante entre os grupos A e B.

A grande maioria dos pais (43,33%) não costuma ler e nem contar histórias para os seus filhos. Tal fato pode justificar a dificuldade de algumas crianças em recontar ou produzir histórias, pois segundo a literatura (GOLOVA et al, 1999; JUSTICE; KADERAVEK, 2004; YADEN; TARDIBUONO, 2004), pesquisas apontam que programas de leitura com acompanhamento dos pais em relação à discussão e recontagem das histórias produzem ganhos relevantes na produção de textos.

Apesar de os pais afirmarem que incentivam hábitos de leitura em seus filhos, de um modo geral eles não possuem ou não querem dispor de tempo para desenvolver esse hábito na família. Esses dados são corroborados pelos achados de Rossini e Ciasca (2000), que ao pesquisarem a frequência e o tipo de leitura de famílias que possuíam filhos com dificuldades de aprendizagem, verificaram que na maior parte das famílias pesquisadas o prazer pela leitura não existia e nem havia acesso ou contato com livros, jornais ou revistas, em casa.

4.3 Caracterização dos grupos e de suas professoras

Esses dados não são passíveis de análise quantitativa e serão apresentados e discutidos por meio de uma análise qualitativa.

4.3.1 Grupo A – Turma da manhã

No primeiro contato com a professora, ela demonstrou expectativas em relação aos estudantes que não estavam acompanhando de modo satisfatório as atividades propostas. Foram apontadas as características da classe, e mencionou sobre as dificuldades de aprendizagem de alguns estudantes. Sua preocupação maior era com relação às dificuldades de fala, leitura e escrita, problemas emocionais e os quatro estudantes que haviam chegado no terceiro ano sem estarem alfabetizados.

A professora analisou a lista de livros apresentada, mas não manifestou nenhuma contribuição, apesar de abrir esta possibilidade. Ela comentou que sempre solicitava produções escritas e que, no momento, estava trabalhando com notícias de jornal e receitas de culinária, seguindo o planejamento proposto pela coordenadora pedagógica.

Relatou que a linguagem oral era trabalhada com o conto de histórias trazidas pelos próprios estudantes. Todo início de semana reservava-se um período para essa troca de experiências entre os estudantes. Para solicitar textos escritos, utilizava-se recursos de escrita com base em figuras ou convidava as crianças para escrever uma redação. Segundo a opinião da professora, os estudantes realizavam a proposta sem dificuldades, com exceção dos estudantes não alfabetizados que, no momento de produção de textos, eram trabalhados com letras móveis, quebra-cabeças e outros recursos, com a finalidade de fixação do alfabeto.

O conto de livros de literatura infantil foi um recurso utilizado pela professora durante todo o ano e, após a leitura da história, nenhuma outra atividade correlacionada era proposta. Em relação ao recebimento de instruções, a professora notou que a classe respondia de modo positivo tanto quando as ordens eram dadas de modo oral, quanto visual.

Em relação ao Programa de Práticas de Narrativas desenvolvido para esse grupo, é interessante relembrar que os estudantes ouviam histórias contadas oralmente pela pesquisadora, utilizando o discurso indireto. Após uma discussão sobre a temática, era solicitada uma produção escrita dos estudantes, mantendo-se o mesmo tema. Nesses encontros, a professora acompanhava o conto das histórias e o fazer dos estudantes, de forma passiva, sem interferir em nada. Ao ser consultada se desejava participar, ela manifestou que gostaria apenas de observar, e assim o fez atentamente durante todo o semestre.

Os estudantes foram muito atenciosos desde o primeiro contato e referiram que adoravam histórias. Contaram da iniciativa da biblioteca no fundo da sala de aula que permitia a troca de livros semanalmente entre eles. Mantiveram-se muito disciplinados durante todas as atividades e gostavam de ouvir o conto das histórias, mas no decorrer do programa não se mostraram muito empolgados nem motivados para escrever novas histórias. Eles demonstravam desagrado em escrever e terminavam as produções rapidamente, solicitando autorização para desenhar sobre a história. Nesse grupo, as faltas foram de maior percepção durante o semestre, sendo que apenas 63% dos estudantes tiveram presença total ou apenas uma falta.

Alguns estudantes eram muito comunicativos e participavam sempre com comentários sobre a história. Eles conseguiram extrair sem dificuldade o tema do livro e, muitas vezes, relatavam vivências próprias relacionadas com as histórias apresentadas. O momento de comentar sobre a história, para discutir o tema que seria a proposta da produção escrita do dia, sempre foi muito rico. Vários e diferentes estudantes contribuíram com seus relatos e houve interação entre as vivências comentadas.

Em relação à utilização das histórias contadas no Programa de Promoção de Narrativas Escritas, a professora comentou que ela parafraseava as histórias contadas, com os estudantes, de forma oral e coletiva, durante o decorrer da semana, dando, de certa forma, continuidade a esse método. Quando questionada sobre os ganhos ao término do trabalho, ela observou uma melhora na escrita de alguns estudantes, que promoveram textos mais claros e longos ao avaliar que o maior contato com histórias propiciou o progresso no desenvolvimento de ideias na escrita e, principalmente, na linguagem oral.

4.3.2 Grupo B – Turma da tarde

A professora iniciou seu trabalho com esta classe no início do segundo semestre. No primeiro semestre, outras duas professoras já tinham assumido a regência da classe. Desde o primeiro contato, notou-se que a professora era muito ocupada e sempre com muitos afazeres, e não demonstrou nenhuma expectativa em relação à proposta. Comentou que sempre trabalhou muito com histórias e considerava importante realizar atividades de conto e reconto com histórias. Ela referiu que com esta turma em especial não conseguia realizar a proposta porque todos eram muito fracos, desinteressados e tinham muitas dificuldades na elaboração de textos.

Ao apresentar a lista de livros, a professora não fez nenhum comentário, apenas fez referências negativas em relação à coordenação, que não dava espaço para esse tipo de trabalho e que até agora só tinha trabalhado de modo positivo com notícias de jornal. Quanto ao Programa de Práticas de Narrativas, desenvolvido para o grupo, os estudantes participavam de uma atividade de leitura compartilhada de histórias, com a pesquisadora, que enfatizou o discurso direto com modificações prosódicas durante a leitura. Após uma discussão sobre a temática, era solicitada uma produção escrita dos estudantes, mantendo-se o mesmo tema. Durante os encontros para o trabalho com a leitura de histórias, cujos livros eram apresentados na tela de projeção, a professora não permaneceu com os estudantes na sala de aula. Em todos os dias, ela se retirou da sala logo no início da leitura e projeção das histórias, retornando durante as produções dos estudantes. A pesquisadora perguntou a ela sobre a possibilidade de participação em todos os encontros e ela sempre respondia que tinha interesse e gostaria muito de participar a partir do próximo encontro, mas isto nunca aconteceu.

A professora relatou que trabalhava a linguagem oral com discussão de ideias, opiniões e reprodução de histórias, fábulas e notícias e recitando poesias memorizadas. Para solicitar textos escritos, ela estimulava a discussão de situações vivenciadas, propunha a reescrita de textos, modificação do final da história, uso de jornal e bilhetes. Ao se referir aos estudantes com dificuldades de aprendizagem, a educadora adequava os conteúdos às necessidades dos mesmos para o desenvolvimento de cada um, além do reforço oferecido pela escola. No momento de produção de textos, o trabalho com os estudantes não alfabetizados era focado por meio de solicitação oral ou em grupo.

Com a turma toda, a professora utilizava o conto de livros de literatura infantil. Às vezes, o livro era oferecido para ser folheado, além das histórias serem dramatizadas pelos próprios estudantes. Em relação ao recebimento de instruções, a professora notou que a classe respondia de modo positivo quando a ordem era oferecida de forma visual ou escrita.

No Programa de Práticas de Narrativas Escritas, os estudantes do grupo B, *a priori*, demonstraram muita animação frente à proposta e algumas crianças disseram adorar histórias e teatro. Eles solicitaram se poder encenar alguma história com o grupo de teatro da escola. Ficou combinado que eles poderiam escolher um dos livros e fazer essa solicitação à coordenadora pedagógica. No final do ano, eles comentaram que gostariam de fazer o teatro do livro *A operação do tio Onofre*, porém, por uma questão de organização da escola, não foi possível viabilizar a montagem do teatro naquele ano.

Na avaliação inicial, os estudantes não demonstraram desagrado em produzir textos, e fizeram a tarefa rapidamente, sem dificuldades. Logo no primeiro livro, as crianças demonstraram motivação para acompanhar a história e escrever outra e referiram que "verdadeiramente amavam o 'cinema'" (era assim que eles se referiam aos encontros). Durante a discussão sobre a história, a turma não era muito participativa e poucos contribuíam. Eles gostavam de escrever novas histórias e relatavam ter interesse em produzir cada vez mais, outras histórias criativas e interessantes. Somente alguns estudantes solicitavam a possibilidade de desenhar. Na semana seguinte, a maioria perguntava sobre as produções que haviam sido realizadas e solicitavam alguma observação da pesquisadora sobre o desempenho em relação as histórias produzidas. Os estudantes, com exceção de poucos, demoravam a produzir os textos e foram assíduos durante o semestre. Cerca de 86% dos estudantes participaram da maioria dos encontros, não faltando ou apresentando uma única falta.

A professora referiu sobre a utilização das histórias lidas para trabalhar pontuação, gramática, ortografia e organização do texto (sequência). Para ela, o desempenho foi satisfatório diante dos progressos e etapas vencidas. Ela notou avanços na elaboração de textos narrativos com características de tempo, espaço, enredo, originalidade e desfecho final.

4.3.3 Algumas considerações sobre os grupos

Os grupos A e B apresentaram características distintas quanto ao trabalho realizado pelas professoras, aos estudantes e às expectativas em relação ao Programa de Promoção de Práticas Narrativas.

Com a chegada do trabalho fonoaudiológico, a professora do grupo A focou a atenção nos estudantes que apresentavam dificuldades de aprendizagem ou queixas de fala, linguagem oral e escrita e criou expectativas para encontrar as soluções. Apesar de não ter se manifestado com contribuições em relação aos livros pré-escolhidos, ela acompanhou todos os encontros, observando atentamente a dinâmica e circulou entre os estudantes enquanto eles produziam as novas histórias. Ela possibilitou maior aproveitamento do programa para os estudantes, pois em outro dia parafraseava a história coletivamente por meio do discurso oral.

A professora do grupo B não demonstrou expectativas em relação à chegada da fonoaudióloga na escola. Ela não foi receptiva para cooperar com alguma observação nem acompanhou o trabalho com os estudantes. Nenhuma continuidade ou aproveitamento das histórias foi comentado.

Apesar das atitudes diferentes das professoras, essas características são muito encontradas na relação de fonoaudiólogos com educadores. A fonoaudiologia busca um vínculo de promoção da comunicação oral e escrita para o estudantes e a conquista de uma parceria com os professores, enquanto a maioria dos professores busca atendimento clínico para eliminar problemas, conforme é advertido por Zorzi (1999).

Alguns professores não se sensibilizam pelo trabalho, não buscam envolvimento com o fonoaudiólogo ou se o fazem é para resolver todas as dificuldades de aprendizagem dos estudantes. Freire (1992) ressaltou a crença sobre a expectativa da escola, que acredita na solução de todos os problemas da sala de aula por meio da simples chegada do fonoaudiólogo. Girotto (2001) observa que apesar dessa expectativa, está cada vez mais distante do fonoaudiólogo que trabalha no universo escolar, a visão relacionada às afecções dos distúrbios de comunicação e ações predominantemente curativas. No grupo A, a professora, apesar de ter inicialmente referido que gostaria de observar o programa, não se manteve passiva e complementou o trabalho utilizando recursos agradáveis e benéficos para seus estudantes. Já a professora do grupo B não demonstrou envolvimento ou interação com o trabalho durante todo o semestre. Essa característica é muito comum na relação fonoaudiólogo e professor, demonstrando a dificuldade de interação entre os profissionais, que resulta na resistência para trocar experiências e, na maioria das vezes, gera um ambiente de competição e individualismo.

Cárnio et al (1994) corrobora essas ideias e considera que a parceria fonoaudiólogo e professor está em construção, e têm como finalidade manter a dialógica que valoriza o papel de cada profissional envolvido, definindo objetivos e considerando as necessidades de cada estudante, tanto individualmente quanto no coletivo.

As professoras de ambos os grupos apresentaram o Planejamento Semestral de Ensino de Português, que enfocava vários trabalhos com diferentes gêneros e diversos recursos para propiciar um amplo desenvolvimento da capacidade de escrever, bem como o gosto por diferentes tipos de leitura. Quando foram lançadas questões para compartilhar o trabalho diário, realizado em sala de aula, pôde-se observar que a linguagem oral é alvo constante do trabalho que busca a articulação de ideias dos estudantes e reativa histórias já lidas nos dois grupos. Entretanto, para motivar a escrita dessa produção, tão debatida pelas crianças, a professora do grupo A simplesmente solicitava uma redação ou propunha a escrita com base em uma figura ou cenário. Já a professora do grupo B oferecia textos prontos e propunha a modificação do final ou estimulava a reescrita de textos.

Comparando-se o planejamento das professoras com os dados das entrevistas, nota-se uma diferença entre a proposta pedagógica e a prática diária em sala de aula, principalmente em relação a atividades de escritas de textos. O universo de trabalho, com a diversidade entre os gêneros, parece utópico e restrito apenas a citação no plano de trabalho. Para a educadora do período da tarde, esse planejamento parecia ser ainda mais distante, na medida em que havia sido realizado pela professora anterior em conjunto com a professora do período da tarde. As divergências entre planejamento de trabalho e a prática docente foram discutidas por Fusari (1998), que adverte sobre a desvalorização do professor frente a tarefa de refletir o conteúdo programático e as necessidades de sua turma no momento do planejamento. Para o autor, muitos professores executam o planejamento como se fosse apenas uma tarefa burocrática padronizada, sem assumir uma atitude crítica de seu trabalho e realiza uma prática docente baseada na improvisação das aulas, que limita a ação pedagógica.

O Programa de Prática de Narrativas Escritas não teve integração com os conteúdos programáticos planejados e executados pelas professoras, provavelmente porque a pesquisadora não era um membro efetivo da escola, fato que dificultou esta integração. Dessa forma, sua pesquisa teve procedimentos e critérios fixos para contemplar os objetivos propostos, os quais foram apresentados às professoras, mas que não fizeram parte do planejamento pedagógico da escola.

A discussão realizada com as duas professoras restringiu-se apenas ao contato com uma lista de livros apresentada no início do programa. Nenhuma delas fez algum comentário ou acrescentou algo para interagir com o trabalho proposto, talvez pela proposta ser de caráter provisório, não ter obtido continuidade e ser pontual para um semestre. Todas as características foram empecilhos para promover um trabalho mais engajado com a escola.

Em um trabalho em que o fonoaudiólogo faz parte da equipe, a parceria com o professor acontece de modo natural. O professor pode encontrar um espaço para ser ouvido sem julgamentos ou obrigações e a troca de vivências se faz mais presente. Penteado e Servilha (2004) consideram que somente com um maior engajamento da fonoaudiologia unida à educação, nas diversas situações do cotidiano escolar, é que se encontrarão maiores perspectivas da união entre as áreas para benefício do estudante, propiciando a construção da aprendizagem.

Assim como as professoras, os estudantes também apresentaram um perfil distinto que caracterizou os grupos. Inicialmente, os estudantes do grupo A se mostraram empolgados com a proposta de contos de histórias, se mantiveram atentos e disciplinados e participavam com dedicação durante a discussão. Entretanto, no decorrer dos encontros, eles não se entusiasmaram mais com a possibilidade de produzir novas histórias e sempre reivindicavam o desejo de desenhar. O grupo B também demonstrou interesse, porém, de modo inverso se comparado ao grupo A, já que a motivação se refletia na expectativa de cada encontro e na possibilidade de produzir outras histórias. Eles comparavam a leitura compartilhada a uma tela de cinema e referiam que "amavam o 'cinema'", apesar de não debaterem muito o livro nem demonstrar interesse por desenhar.

Os dois grupos se interessaram pelo Programa de Práticas de Narrativas Escritas, pois, para ambos, a proposta era distinta do que foi trabalhado durante o ano escolar. Os estudantes se entusiasmaram com a proposta diferente do habitual, entretanto, no grupo A, a novidade com o decorrer do programa ficou limitada à mudança da história contada, o que levava os estudantes a solicitarem a vontade de desenhar e pintar para tornar a atividade mais diversificada. Isso confirma a necessidade da escola investir em uma maior complexidade linguística. É o próprio estudante que solicita a conquista dessa diversidade. Yolanda (2000) confirma tais tendências ao considerar que a leitura, a escrita e o desenho seguem harmoniosamente, e resultam em um equilíbrio que permitirá o desenvolvimento completo da criança, possibilitando situações ricas na sala de aula e em um relacionamento social melhor.

Já no grupo B, além da mudança da história, existiam inovações em relação aos recursos utilizados, o que motivava os estudantes a se interessarem mais a cada dia, aproveitar as diferentes linguagens e recursos visuais e auditivos.

Garcia (2000) enfatiza que a escola desvaloriza as diferentes linguagens e que muitas escolas não dão liberdade para o professor trabalhar com a diversidade linguística e o conteúdo escolar é sobreposto a qualquer modo de trabalho, reduzindo o aprendizado apenas ao recurso escrito. Segundo a referida autora, para alguns professores, a importância está relacionada a atividades tradicionais que a escola ainda preconiza, ao valorizar a escrita como objeto, meio e fim e tudo o que difere, deve ser somente incluído quando não se tem matéria para ensinar. Salienta, ainda, que a maioria dos projetos pedagógicos brasileiros considera como perda de tempo tudo o que não for aula formal com livros, dever de casa e avaliação muito severa, o que resulta na fragmentação e empobrecimento do processo educativo.

4.4 Comparação entre a avaliação inicial e final

As avaliações iniciais e finais de cada criança foram pontuadas e analisadas, em primeiro momento, por meio de porcentagem simples. As tabelas com as pontuações individuais estão dispostas nos Apêndices (G, H, I, J, L, M, N e O).

Para análise estatística das comparações entre as avaliações iniciais e finais de cada sujeito, foi aplicado o teste de ANOVA (análise da variância), que possibilita verificar mais de um efeito com um único modelo. Esse teste é indicado quando o objetivo é comparar três ou mais grupos de informações com nível de mensuração numérica, amostras independentes e pareadas para ter conhecimento das médias, comparar grupos e verificar as diferenças (MAXWELL e SATAKE, 1997). Inicialmente, a análise foi realizada separadamente para cada competência comunicativa. Desse modo, estão relacionados os dados da **competência genérica**, depois da **competência enciclopédica** e, por último, da **competência linguística**. Em seguida, as três competências serão analisadas em conjunto, com a finalidade de conhecer o perfil dos grupos.

4.4.1 Análise das competências comunicativas

4.4.1.1 Análise da competência genérica

Na análise da **competência genérica**, cada avaliação foi classificada com base no tipo de texto que a criança desenvolveu. Se a criança produziu o texto adequadamente ela obteve dois pontos; se a tipologia textual foi desenvolvida parcialmente, recebeu apenas um; e quando estava inadequado não foi pontuado (vide Capítulo 3, Tabela 7).

Vale ressaltar que as produções com tipologias mistas foram analisadas com base no tipo mais predominante que o estudante desenvolveu.

Na Figura 1, pode-se visualizar o número de estudantes do grupo A e B, de acordo com as faixas de classificação de desempenho dos estudantes para a análise **competência genérica** na avaliação inicial e na final.

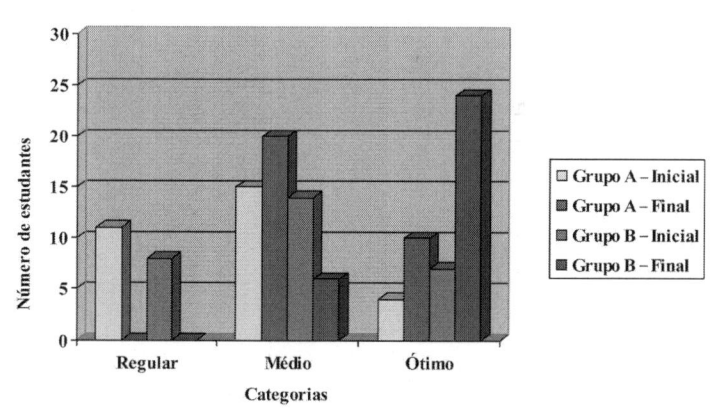

Figura 1: Número de estudantes em cada categoria de classificação na avaliação inicial e na final (competência genérica)

Na avaliação inicial, o grupo A apresentou uma leve defasagem se comparado ao grupo B, ou seja, mais estudantes do grupo B obtiveram maior pontuação em relação à adequação ao uso da **competência genérica** tanto na avaliação inicial quanto na final. Os estudantes dos dois grupos apresentaram melhora expressiva em relação ao uso mais adequado do tipo textual desenvolvido.

Essas classificações para a **competência genérica** foram pontuadas individualmente de acordo com critérios já explicitados no item de análise dos dados. Por meio do tratamento estatístico, serão apresentadas as médias dos grupos e as migrações entre avaliação inicial e final.

Nas Tabelas 27 e 28 estão apresentadas as médias da pontuação obtidas na avaliação inicial e final, com desvio-padrão.

Tabela 27: Competência genérica / média e desvio-padrão das avaliações iniciais e finais dos grupos A e B

Grupo	Competência genérica	Avaliação	
		Inicial	Final
A	Médias	0,8	1,3
	Desvio-padrão	0,7	0,5
	N	30	30
B	Médias	1,0	1,8
	Desvio-padrão	0,7	0,4
	N	30	30

Tabela 28: Comparação entre os grupos – Teste ANOVA para competência genérica

Efeito	p-value
Grupo (A/B)	0,0030 *
Momento (inicial/final)	<0,0001 *
Grupo x momento	0,2917

* estatisticamente significante

Na comparação da **competência genérica** entre os grupos, encontraram-se resultados estatisticamente significantes para os momentos (inicial e final) e interação entre os grupos.

O grupo B obteve pontuação maior que o grupo A, contudo, nos dois grupos houve crescimento significante entre as fases inicial e final. Esse aumento foi homogêneo em ambos os grupos.

A seguir, na Figura 2, apresenta-se o gráfico para melhor visualização.

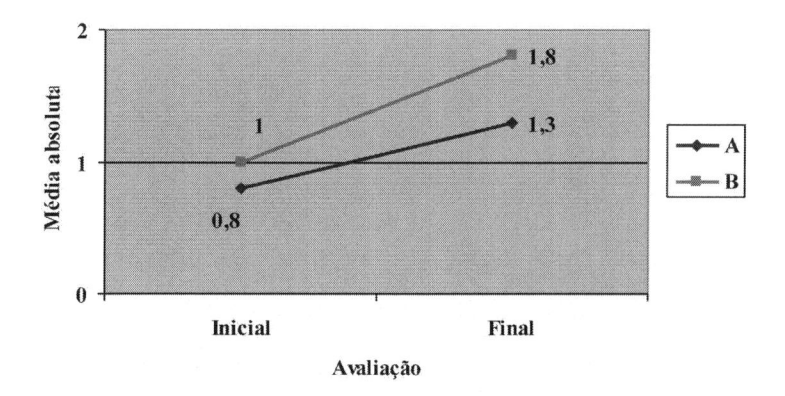

Intervalo de confiança para a média: média ± 1,96 * desvio-padrão / √ (n-1)
Figura 2: Perfil dos grupos A e B nas avaliações iniciais e finais para competência genérica/médias, desvio-padrão.

4.4.1.2 Análise da competência enciclopédica

A **competência enciclopédica** foi analisada em três categorias: conhecimento enciclopédico, fidedignidade ao tema proposto e uso do título. Se a criança desenvolveu adequadamente, ela obteve dois pontos em cada categoria. Se essas categorias foram desenvolvidas de modo parcial, a criança recebeu um ponto em cada categoria e quando estava inadequado não foi pontuado (vide Tabela 8, no Capítulo 3).

Na Figura 3 pode-se visualizar o número de estudantes do grupo A e do B, de acordo com as faixas de classificação de desempenho dos estudantes para a análise da **competência enciclopédica**, na avaliação inicial e na final.

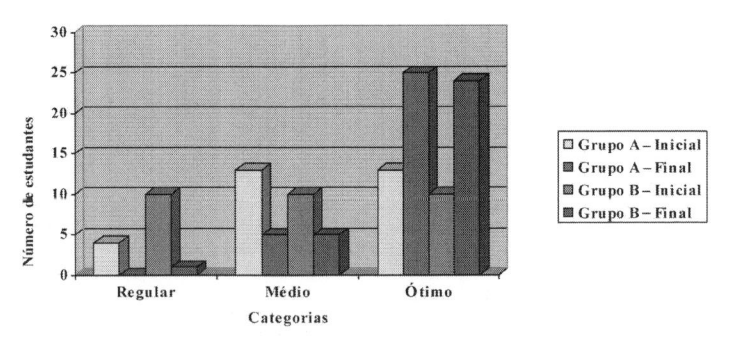

Figura 3: Número de estudantes em cada categoria de classificação na avaliação inicial e na final (competência enciclopédica)

Na avaliação inicial, o grupo A apresentou a maior parte dos estudantes nos níveis de classificação médio e ótimo. Ao observar o grupo B, os estudantes ficaram divididos em três categorias. Já na avaliação final, os estudantes dos dois grupos melhoraram expressivamente em relação à **competência enciclopédica**, sendo que no grupo B mais estudantes obtiveram porcentagens maiores. Essas classificações para a **competência enciclopédica** foram pontuadas individualmente, de acordo com critérios já explicitados no item de análise dos dados. Por meio de tratamento estatístico, serão apresentadas as médias dos grupos e as migrações entre a avaliação inicial e a final.

Nas Tabelas 29 e 30 estão apresentadas as médias da pontuação obtida na avaliação inicial e final com desvio-padrão.

Tabela 29: Competência enciclopédica/Média e desvio-padrão das avaliações iniciais e finais dos grupos A e B

	Competência enciclopédica	Avaliação	
		Inicial	Final
A	Médias	3,1	4,7
	Desvio-padrão	1,5	1,0
	N	30	30
B	Médias	2,4	4,8
	Desvio-padrão	1,7	1,5
	N	30	30

Tabela 30: Comparação entre os grupos – Teste ANOVA para competência enciclopédica

Efeito	p-value
Grupo (A/B)	0,3059
Momento (inicial/final)	<0,0001 *
Grupo x momento	0,0992

* estatisticamente significante

Ao comparar-se a **competência enciclopédica**, encontram-se resultados estatisticamente significantes para os momentos (inicial e final). Ambos os grupos tiveram crescimento significativo entre as fases inicial e final. Há indícios de que na fase inicial havia diferença entre os grupos, mas essa diferença não permaneceu na fase final. A seguir, na Figura 4, apresentamos o gráfico para melhor visualização.

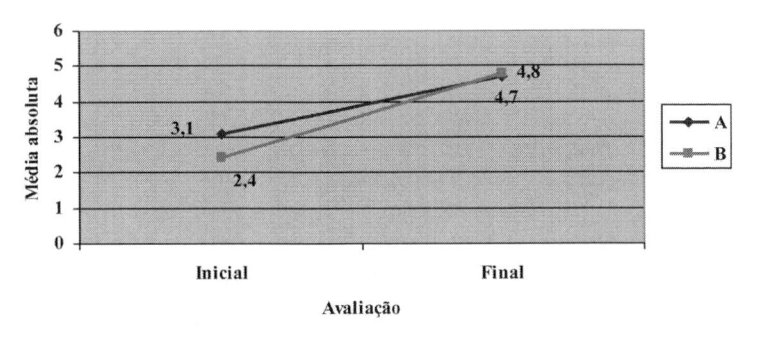

Intervalo de confiança para a média: média ± 1,96 * desvio-padrão / √ (n-1)
Figura 4: Perfil dos grupos A e B nas avaliações iniciais e finais para a competência enciclopédica/médias, desvio-padrão.

4.4.1.3 Análise da competência linguística

A **competência linguística** foi analisada em nove categorias: colocação de narrador, indicação de dêiticos temporais e espaciais, uso do tempo verbal, organização sequencial, marcas de subjetividade, marcação de discurso dos personagens, definição dos parágrafos, extensão das produções escritas e uso adequado de pontuação. Se a criança desenvolveu adequadamente as categorias da

competência linguística, recebeu dois pontos em cada categoria; se forem desenvolvidas de modo parcial, a criança pontuou uma vez cada categoria; e quando estava inadequado, não foi pontuado (vide Tabela 9 no Capítulo 3).

Na Figura 5 pode-se visualizar o número de estudantes dos grupos A e B de acordo com as faixas de classificação de desempenho dos estudantes para a análise da **competência linguística**, na avaliação inicial e final.

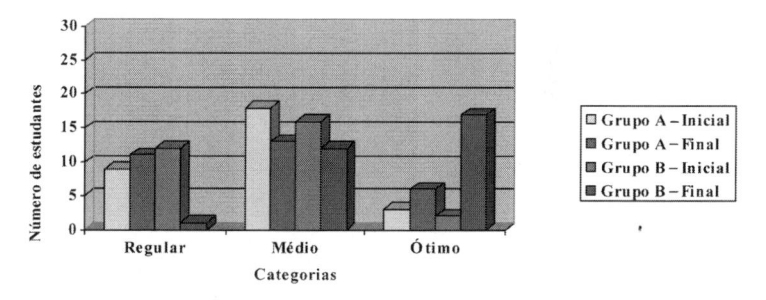

Figura 5: Número de estudantes em cada categoria de classificação na avaliação inicial e na final (competência linguística)

Na avaliação inicial, o grupo A e o B apresentaram maior número de estudantes classificados no nível médio. Porém, na avaliação final, poucos estudantes apresentaram melhora da pontuação no grupo A, o que no grupo B ocorreu de forma inversa, pois a maioria dos estudantes migrou para pontuações melhores, sendo 17 estudantes concentrados na categoria *ótimo*.

Essas classificações para a **competência linguística** foram pontuadas individualmente, de acordo com critérios já explicitados no item de análise dos dados. Por meio da análise estatística, serão apresentadas as médias dos grupos e as migrações entre avaliação inicial e final.

Nas Tabelas 31 e 32 estão apresentadas as médias da pontuação obtidas nas avaliações inicial e final com desvio-padrão.

Tabela 31: Competência linguística/média e desvio-padrão das avaliações iniciais e finais dos grupos A e B

Grupo	Competência Linguística	Avaliação	
		Inicial	Final
A	Médias	6,8	7,8
	Desvio-padrão	3,3	3,7
	N	30	30
B	Médias	6,1	11,1
	Desvio-padrão	3,2	3,6
	N	30	30

Tabela 32: Comparação entre os grupos – Teste ANOVA para competência linguística

Efeito	p-value
Grupo (A/B)	0,0880
Momento (inicial/final)	<0,0001 *
Grupo x momento	0,0001 *

* estatisticamente significante

Ao comparar-se a competência linguística, encontram-se resultados estatisticamente significantes para os dois momentos (inicial e final) e interação entre os grupos. As diferenças encontradas se devem ao fato de que o grupo B desenvolveu um crescimento entre as fases iniciais e finais, que não foi observado no grupo A, ou seja, os grupos estavam em um mesmo patamar de respostas na fase inicial e somente o grupo B apresentou um aumento de valor nos dados. A seguir, na Figura 6, apresenta-se o gráfico para melhor visualização.

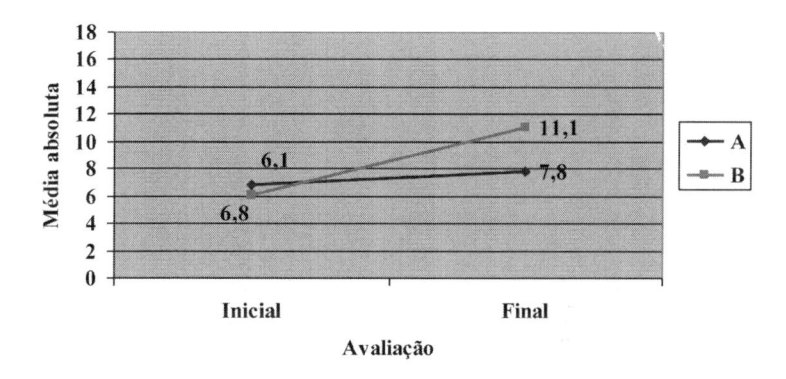

Intervalo de confiança para a média: média ± 1,96 * desvio-padrão / √(n-1)
Figura 6: Perfil dos grupos A e B nas avaliações iniciais e finais para competência linguística/médias, desvio-padrão.

4.4.1.4 Análise global das competências comunicativas

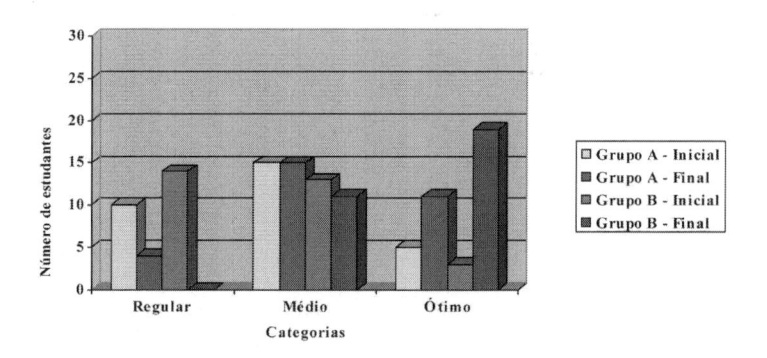

Figura 7: Número de estudantes em cada categoria de classificação na avaliação inicial e na final (competências comunicativas)

Na avaliação inicial, o grupo A, que era composto por 30 sujeitos, ficou distribuído pelas três categorias, sendo 5 estudantes classificados como ótimo, 15 como médio e 10 como regular. Já na avaliação final, 11 escolares foram classificados no nível ótimo, 15 no médio e 4 no regular. Ocorreram migrações positivas entre as classificações de 14 estudantes e 15 mantiveram-se na mesma faixa. Apenas 1 estudante apresentou um declive de faixa de classificação.

O grupo b, que também era composto por 30 sujeitos, ficou assim distribuído na avaliação inicial: 3 estudantes foram classificados como ótimo, 13 como médio e 14 como regular. Já na avaliação final, 19 estudantes foram classificados no nível ótimo, 11 no médio e não houve nenhuma pontuação correspondente à faixa regular. Ocorreram migrações positivas entre as classificações de 23 estudantes e 7 mantiveram-se na mesma faixa.

Essas classificações para as competências comunicativas foram obtidas pela soma das competências genérica, enciclopédica e linguística. Assim, por meio do tratamento estatístico serão analisadas as médias dos grupos e as migrações entre avaliação inicial e final.

Nas Tabelas 33 e 34 estão apresentadas as médias da pontuação obtida na avaliação inicial e na final com desvio-padrão.

Tabela 33: Média e desvio-padrão da pontuação geral avaliações iniciais e finais dos grupos A e B.

Grupo	Pontuação geral	Avaliação	
		Inicial	Final
A	Médias	10,7	13,8
	Desvio-padrão	4,7	4,9
	N	30	30
B	Médias	9,5	17,6
	Desvio-padrão	5,0	4,8
	N	30	30

Tabela 34: Comparação entre os grupos – Teste ANOVA para pontuação geral

Efeito	p-value
Grupo (A/B)	0,2178
Momento (inicial/final)	<0,0001 *
Grupo x momento	0,0004 *

* estatisticamente significante

Na comparação geral, encontraram-se resultados estatisticamente significantes para o momento (inicial e final) e para a interação entre os grupos. Observou-se que em ambos os grupos houve um crescimento significante entre as fases inicial e final, entretanto, pode-se notar que o aumento da média foi maior no Grupo B.

A seguir, na Figura 8, apresenta-se o gráfico para melhor visualização.

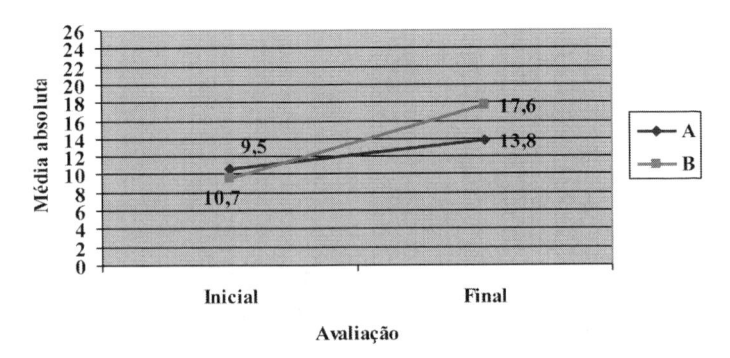

Intervalo de confiança para a média: média ± 1,96 * desvio-padrão / √ (n-1)
Figura 8: Perfil dos grupos A e B nas avaliações iniciais e finais para análise global/médias, desvio-padrão.

Com o objetivo de exemplificar o desempenho dos estudantes e acompanhar a análise das competências comunicativas, serão apresentadas as produções da avaliação inicial e da final de três estudantes de cada grupo, nos níveis de classificação.

4.4.2 Análise das narrativas de estudantes do grupo A

Nos próximos subitens estão transcritas as avaliações iniciais e finais e análise qualitativa pormenorizada dos estudantes que representam cada faixa de classificação do grupo A.

4.4.2.1 Classificação regular

Como exemplo dos estudantes do **grupo A** e produções do **sujeito 4**, que inicialmente encontrava-se na faixa de classificação regular

(0-30%), serão apresentadas. Esse estudante do sexo masculino pertencia à faixa social médio-baixa, com renda per capita de R$225,00. A família possuía materiais de leitura como revistas, jornais e livros de histórias. A mãe referiu que não gostava de ler e somente utilizava a escrita para escrever cartas à família. Ela percebia que seu filho também não gostava de ler, apesar de incentivar a leitura e procurar lhe contar histórias de livros infantis. A criança tinha dificuldades na escrita, e a matéria escolar de pior desempenho era o português, havendo necessidade de participar do reforço escolar.

Na avaliação inicial, o estudante atingiu a porcentagem de 11,54%, o que corresponde a dois pontos na **competência enciclopédica** e um ponto na **competência linguística**. Na avaliação final, somou nove pontos entre as três competências, atingindo 30,76%.

Durante o Programa de Promoção de Narrativas Escritas, participou de 12 encontros, o que corresponde a 85,71% de frequência. Na Figura 9, pode-se acompanhar as notas obtidas pelo sujeito 4, nas avaliações inicial e final.

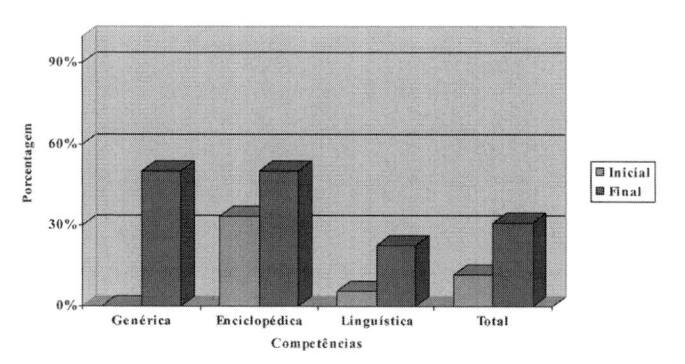

Figura 9: Desempenho na avaliação inicial e na final – Sujeito 4

Pela leitura do gráfico, apesar de o estudante manter-se na mesma faixa de classificação *regular*, tomando-se por base seu desempenho total nas competências comunicativas, observa-se que o mesmo apresentou uma pontuação consideravelmente maior na avaliação final. O desempenho deste sujeito foi favorável principalmente nas competências **genérica** e **enciclopédica**.

As diferenças entre as características das produções serão acompanhadas na transcrição literal dos textos produzidos, dispostos nos Quadros 15 e 16.

Quadro 15: Produção da avaliação inicial do sujeito S.4 – grupo A / categoria regular (ANEXO E)

Título: a bruxa e um bruxo
seu incontrao uma bruxa eu ia fugi coreno?
Eu ia intra in casa ia fecha apota ia janela para ela não minpehar!

Em relação à **competência genérica**, S.4 apresentou uma produção textual classificada como Exposição, de forma restrita e limitada. Por meio de um discurso superficial pode-se inferir que o estudante não compreendeu a proposta de escrita e reproduziu de forma bastante limitada o convite que foi realizado para motivá-lo a escrever. Para tal, o estudante articulou a produção como se estivesse perguntando e respondendo a alguma questão.

A **competência enciclopédica** está presente nesta produção demonstrando que o S.4 possuía conhecimento parcial sobre a temática lançada. O estudante escreveu sobre seu medo em relação à bruxa e a ação que ele tomaria quando a encontrasse, porém, isso somente foi citado e não teve uma colocação mais elaborada.

O estudante utilizou título parcialmente correlacionado à produção, pois o bruxo do título não apareceu na exposição apresentada.

Em relação à **competência linguística**, nota-se que a produção apresentou-se em primeira pessoa e apenas manteve as ações de dois personagens, o narrador-personagem e a bruxa, que não estava especificada. Não houve indicações de tempo, nem espaço dessas ações. O tempo verbal foi utilizado no infinitivo e não foi mantido, pois iniciou a primeira frase dando ideia de subjunção e na outra utilizou o modo indicativo.

O texto não apresentou organização lógico-temporal, não houve marcação de discurso e nem utilização de parágrafos. Foi desenvolvida uma produção curta e sem pontuação adequada, apenas aplicado um ponto de interrogação totalmente indevido. Não houve marcação de letras maiúsculas e minúsculas. Apesar de não ser objeto de um estudo pormenorizado, a ortografia apresentou falhas consideráveis, com palavras grafadas de modo indevido, que até impossibilitam a inteligibilidade da palavra escrita (exemplo: *minpehar* – me pegar).

Quadro 16: Produção da avaliação final do sujeito S.4 grupo A / faixa regular (ANEXO F)

eu e meus amigos perdidos
um dia eu estava andando derepete eu encontrei um disco-voador o disco-voardo estava brinhano do escuro
___erra bonito ele ia elabora esta muito escuro nos tia que, fomir na ilha e a manha cedor tia que andar mais vê ce ancha uma saída pra ipra casa e nuca mais vi aqui nos do carminho em cotramos um mapa da ilha nos vamos pra casa

Quanto à **competência genérica,** na avaliação final, observa-se que o estudante desenvolveu uma produção textual do tipo narração. Essa produção apresentou-se mais próxima da proposta que se esperava alcançar, entretanto ainda foi desenvolvida de modo bastante precário.

Na **competência enciclopédica,** o estudante apresentou-se parcialmente fiel ao tema, narrou o encontro com o disco voador, porém não desenvolveu ações em conjunto ao fato. O estudante procurou mostrar conhecimento sobre o tema desenvolvido, mas não forneceu riqueza de detalhes em relação ao disco voador ou mesmo à ilha, a qual prontificou citar no término da produção.

O uso do título também não teve correlação direta ao texto, pois os amigos perdidos não foram apresentados ao leitor. Foi indicado pelo uso do pronome pessoal em primeira pessoa do plural que o narrador estava acompanhado (nós grafado como *nos*).

Na **competência linguística,** o estudante apresentou o texto em primeira pessoa com narrador-personagem, porém, no parágrafo seguinte, existiu a intenção de expor as ações com outros personagens. Esta intenção somente foi percebida devido à menção colocada no título.

Existiram marcações da mudança do tempo (*um dia, na manhã cedo*) e do espaço (*estadia na ilha, necessidade de voltar para casa*).

O tempo verbal foi conjugado de modo incoerente às mudanças indicadas pelo texto e apresentação dos dêiticos temporais. A produção apresentou uma coerência global, mas a leitura ficou prejudicada devido aos problemas de coesão, que alteraram a organização da sequência dos fatos. Algumas indicações de valor foram mencionadas na produção (*o disco voador brilhava no escuro, era bonito*).

Não houve marcação do discurso direto, nem espacialização correta do texto com a definição de parágrafos. A extensão da produção foi curta e a pontuação foi ausente. A ortografia manteve as mesmas características da produção inicial.

Ao comparar-se a produção inicial e a final do estudante, pode--se verificar a sensível diferença que existe entre um texto e outro, apesar de não ter ocorrido mudança da faixa de classificação. A intenção de formular uma história é percebida na avaliação final, em que a proposta da primeira produção era apenas imitar a motivação realizada pela pesquisadora para solicitar a escrita do texto. Apesar de o estudante ter produzido um texto aquém do esperado, principalmente na análise da competência linguística, pode-se notar que a estrutura da avaliação final se aproxima de uma história de aventura, que expõe uma problemática e busca sua solução.

4.4.2.2 Classificação médio

Como exemplo dos estudantes do **grupo A**, as produções do **sujeito 11,** que inicialmente encontrava-se na faixa de classificação médio (31% - 60%), serão apresentadas e discutidas.

Esse estudante do sexo masculino pertencia à faixa social média e a renda per capita era de R$ 500,00. A família possuía em casa materiais de leitura como revistas e livros de histórias. A mãe referiu que gostava de ler, mas não utilizava a escrita nem em casa e nem no ambiente de trabalho. Ela percebia que seu filho não gostava de ler e o conto ou leitura de histórias não era costumeiro na família. A criança tinha dificuldades em todas as matérias escolares e a maior queixa da escola era em relação ao seu comportamento em sala de aula. O estudante não acompanhava o reforço escolar, apesar das dificuldades notadas pela família.

Na avaliação inicial, o estudante atingiu uma pontuação total de 53,85%, que corresponde a 1 ponto na **competência genérica**, 5 pontos na **competência enciclopédica** e 8 pontos na **competência linguística**. Na avaliação final, somou 18 pontos entre as três competências, atingindo 69,23%. Durante o Programa de Promoção de Narrativas Escritas, participou de todos os encontros (100% de frequência). Na Figura 10 pode-se acompanhar as notas obtidas pelo sujeito 11 nas avaliações inicial e final.

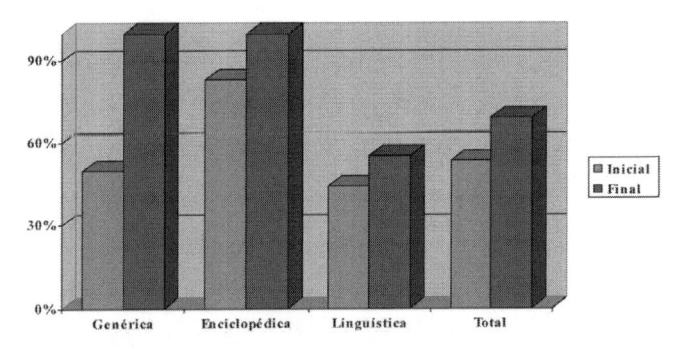

Figura 10: Desempenho na avaliação inicial e na final – Sujeito 11

Pela leitura do gráfico, verifica-se que o estudante migrou da faixa médio, na avaliação inicial, para ótimo na final, apesar da pontuação não ter aumentado consideravelmente (53,85% para 69,23%). O desempenho favoreceu principalmente nas competências **genérica** e **enciclopédica**, não havendo mudanças significativas nas características esperadas na **competência linguística**. As diferenças entre as características das produções podem ser acompanhadas na transcrição literal dos textos produzidos, dispostos nos Quadros 17 e 18.

Quadro 17: Produção da avaliação inicial do sujeito 11 (S.11) – grupo A/faixa médio (ANEXO G)

A Bruxa do deserto
Era uma certo dia que eu fui ao deserto e vi uma risada e vi uma otra coisa voando E eu estranhei e fui para a minha casa, quando eu voite para a minha casa a porta tava Fechada e fui ficar no deserto e ouvi uma voz venho para min ou sinão eu vou te buscar você tem até meio noite para vim ou sinão eu tipego e o menino teve um ideia brilhante e espero ate chegar meia noite e a bruxa do deserto não viu o menino e foi embora.

Em relação à **competência genérica**, S.11 desenvolveu uma narração. O tipo textual não foi apresentado de modo adequado, pois apesar de expressar ações relacionadas ao tema, não obedeceu à estrutura completa e organizada esperada para uma narrativa. O estudante apresentou-se como narrador-personagem e apenas lançou a problemática, sem situar nenhuma apresentação.

A **competência enciclopédica** está parcialmente apresentada na medida em que o narrador situou as ações da bruxa de forma coerente, mostrando a intenção maléfica dela, que era ameaçadora e assustadora. Entretanto, o estudante citou estas características da bruxa e não desenvolveu ações necessárias para o enriquecimento da produção. O título foi bem correlacionado à produção, pois efetivamente a bruxa era do deserto.

De acordo com a estrutura apresentada na **competência linguística**, a produção apresentou-se em primeira pessoa e apenas manteve as ações de dois personagens, o narrador-personagem e a bruxa. Entretanto, no final do texto, o narrador confundiu sua posição de personagem e lançou esta função a outro personagem (*o menino*). Houve indicações de tempo e espaço dessas ações, com mudanças marcadas de local. O tempo verbal foi utilizado no passado, mantido durante toda produção e a não marcação do diálogo exigiu maior atenção do leitor.

O estudante buscou manter no texto certa organização hierarquizada, entretanto, as idas e vindas o tornam confuso, principalmente porque não houve marcação de discurso e utilização de parágrafos, que não ficaram dispostos de forma adequada. Foi desenvolvida uma produção curta e com pontuação usada indevidamente. Na ortografia, algumas palavras foram grafadas de modo indevido e algumas aglutinações podem ser notadas (exemplo: *sinão* para se não).

Quadro 18: Produção da avaliação final do sujeito 11 (S.11) – grupo A/faixa médio (ANEXO H)

O disco voador
Certa vez quando fui na escursão para o Playcenter e o Primeiro Brinquo que eu fui foi a Montanha Russa.
E quando eu sai do Brinquedo eu vi uma espaço-nave e o disco começou a sugar as coisas, e o disco sugol logo eu e ele foi.
Inbora levando eu e os extra terrestre para o planeta Venus e quando eles pousaram eu levei um tombo ei dismaiei.
E quando eu acordei tomei um susto e corri direto para o disco e não sadia pilota o disco e comecei aperta cauquer botan e até que ifim chegu diouta au Playcenter.

Na avaliação final, na análise da **competência genérica**, o estudante desenvolveu uma narrativa com estrutura mais definida. Essa produção apresentou-se mais próxima da proposta que se esperava alcançar, entretanto, ainda foi desenvolvida aquém das expectativas.

Na **competência enciclopédica**, a produção foi fiel ao tema, pois narrou o local onde o personagem encontrou a nave espacial e manteve a temática proposta ao apresentar os extraterrestres. O estudante demonstrou seu conhecimento em relação ao tema e ofereceu características interessantes (*disco sugou as coisas, Planeta Vênus, apertar botões para pilotar o disco*). O uso do título também teve correlação mais direta ao texto.

Na análise da **competência linguística**, observou-se que o texto foi produzido em primeira pessoa, em que o narrador tomou a postura de narrador-personagem de modo coerente e permaneceu nesta posição até o final.

Existiram marcações das mudanças realizadas adequadamente para o tempo (*certa vez, quando eu sai*) e para o espaço (*Playcenter, Planeta Vênus*).

O tempo verbal foi conjugado de modo coerente e a produção apresentou uma sequência lógica e clara das ações e suas consequências.

O estudante relacionou apenas uma marca de subjetividade para expressar o susto do narrador personagem ao se encontrar em outro planeta. O estudante não utilizou recurso como diálogos entre os personagens, o que tornou a leitura empobrecida.

Não houve espacialização correta do texto, com a marcação de parágrafos. A extensão da produção foi curta e foi marcada de modo inadequado, pois dividiu a mesma sentença em dois espaços separados por outro parágrafo. A pontuação é insuficiente, na medida em que foi mantido apenas o término de cada sentença, aplicando o ponto final. Existem alterações na grafia de palavras e na ortografia.

Ao comparar-se a produção inicial e final do estudante pode-se verificar uma progressão importante entre as histórias. A clareza da história realizada ao término do programa é sensivelmente percebida na avaliação final, que enfatiza de modo mais intensificado a estrutura de início, desenvolvimento e desfecho necessário para formulação da narrativa. Apesar da maior clareza na estrutura, é importante ressaltar que ainda é necessário investir no trabalho das competências comunicativas para que o estudante produza textos de modo mais satisfatório. A competência linguística foi a mais comprometida, entretanto este fator não impediu uma estrutura mais elaborada e coesa da produção textual.

4.4.2.3 Classificação ótimo

Como exemplo dos estudantes do **grupo A,** as produções do **Sujeito 13,** que inicialmente encontrava-se na faixa de classificação *ótimo* (maior que 61%), serão apresentadas e discutidas.

Esse estudante do sexo masculino pertencia à faixa social médio--baixa e a renda per capita era de R$ 300,00. A família possuía em casa somente a Bíblia para leitura. A mãe referiu que gostava de ler e utilizava a escrita no ambiente de trabalho para confecção de relatórios. Ela percebia que seu filho não gostava de ler e o conto ou leitura de histórias não era costumeiro nessa família. A criança não tinha dificuldades nas matérias escolares e não precisava do reforço escolar.

Na avaliação inicial, o estudante atingiu uma pontuação total de 61,54%, o que corresponde a um ponto na **competência genérica**, cinco pontos na **competência enciclopédica** e dez pontos na **competência linguística**. Na avaliação final, somou 19 pontos entre as três competências, atingindo 73,08%.

Durante o Programa de Promoção de Narrativas Escritas participou de 13 encontros (92,86% de frequência).

Na Figura 11 podem-se acompanhar as notas obtidas pelo sujeito 13 nas avaliações inicial e final.

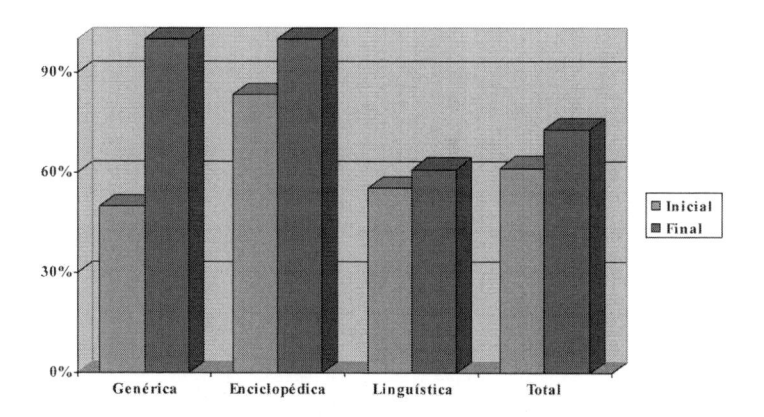

Figura 11: Desempenho na avaliação inicial e na final – Sujeito 13

Pela leitura do gráfico, verifica-se que o estudante permaneceu na faixa *ótimo*, em ambas as avaliações, e sua evolução pode ser observada no aumento de sua porcentagem de pontuação (61,54% para 73,08%).

Seu desempenho foi favorável principalmente nas competências **genérica** e **enciclopédica**, não havendo mudanças significativas nas características esperadas na **competência linguística**.

As diferenças entre as características das produções podem ser acompanhadas na transcrição literal dos textos produzidos, dispostos nos Quadros 19 e 20.

Quadro 19: Produção da avaliação inicial do sujeito 13 (S.13) – grupo A/faixa ótimo (ANEXO I)

A bruxa do deserto

Um dia Paulo estava andando pelas Ruas de São Paulo.
Derrepente ele se perdeu e foi parar em um deserto.
Ele foi caminhando pelo deserto com muita sede aí ele viu a miragem de poço ele foi correndo, mas ele viu que era apenas uma miragem aí depois de algumas horas ele viu uma bruxa e não acreditou.
Depois a bruxa foi atacalo e ele Saiu correndo ele viu que era uma bruxa de fogo ele água mas dessa vez era água de verdade ele tinha um balde pegou um pouco da água e jogou na bruxa ela derreteu e morreu ele voltou para casa salvo e depois ele viveu feliz para sempre.

O sujeito 13 do grupo a, classificado segundo a pontuação obtida em avaliação inicial na faixa ótimo, desenvolveu uma narrativa. A **competência genérica** apresentou-se adequada, com estrutura do tipo textual estruturado de modo claro e bem organizada. O estudante caracterizou um personagem e o papel de narrador foi assumido em terceira pessoa. O personagem recebeu um nome, mas não foram apresentadas suas características nem foi situado o local e o tempo para introdução e desenvolvimento da história. Dessa forma, a introdução apresentou-se incompleta e o estudante não forneceu detalhes que enriqueceriam a história.

A competência enciclopédica foi apresentada de modo bem prático e simples. O narrador atribuiu às características do deserto (sentir sede, miragem) e da bruxa (intenção de atacar), o que denota o seu conhecimento sobre o assunto narrado. O estudante utilizou título de modo bem correlacionado à produção, pois efetivamente a bruxa era do deserto.

Na competência linguística, a produção foi apresentada em terceira pessoa e se manteve correta, do início ao término, a função do narrador. A narrativa foi composta apenas por ações de dois personagens (Paulo e a bruxa). O tempo verbal foi utilizado no passado, mantido durante toda produção. Mesmo com a falta de marcação do diálogo, o leitor acompanha bem o texto disposto e elaborado de forma simples e prática. Na organização hierarquizada, o estudante apresentou sequências lógicas, que constituíram a unidade do texto e possibilitam o encadeamento entre as ações realizadas pelos personagens.

Não houve marcação de discurso e na utilização de parágrafos, nem todos foram dispostos de forma adequada. Foi desenvolvida uma produção curta e com pontuação insuficiente, sendo apenas marcado o ponto final e uma vírgula. Pela análise superficial da ortografia, algumas palavras foram grafadas de modo errado e a palavra "derrrepente" foi motivo de atenção, principalmente quando comparada com a grafia da mesma na avaliação final.

Quadro 20: Produção da avaliação final do sujeito 13 (S.13) – grupo A/faixa ótimo (ANEXO J)

> **O disco voador**
>
> Numa bela noite Murillo estava em uma praça quando de repente apareceu um disco voador. E de dentro do disco voador saiu um extraterrestre e ele falava.
> O extraterrestre tinha uma missão salvar o seu amigo que estava num laboratório de Ciências e estava sendo analisado por cientistas e o extraterrestre foi lá.
> Chegando no laboratório os cientistas pegaram ele, mas Murillo derrubou os seguranças que quase pegaram ele depois ele pegou uma corda e amarrou os cientistas e os extraterrestres foram embora pra sua casa em marte.

Na avaliação final, na análise da **competência genérica**, observou-se que o estudante desenvolveu uma narrativa mantendo a mesma estrutura da avaliação inicial e apresentou evolução qualitativa no tipo de produção realizada.

Quanto a **competência enciclopédica**, o estudante apresentou-se fiel ao tema, pois narrou o local onde encontrou o disco voador e manteve a temática ao citar os extraterrestres. O estudante demonstrou certo conhecimento em relação ao tema proposto (*Laboratório de Ciências, extraterrestres, Marte*), mas não ofereceu características complementares. O uso do título foi bem simplificado, mas correlacionado ao texto.

Por meio da análise da **competência linguística**, averigua-se que o texto foi produzido em terceira pessoa e assim foi mantido até o final, com uma linguagem simples e direta.

A noção de tempo foi marcada de modo parcial (*numa bela noite, de repente*) e o espaço foi bem especificado e apontado nas movimentações do personagem (*casa em Marte, praça, laboratório*).

O tempo verbal foi conjugado de modo coerente às mudanças indicadas pelo texto e pelos dêiticos temporais. A produção apresentou uma sequência lógica e clara das ações e suas consequências.

O estudante não expressou subjetividade e não utilizou diálogo entre os personagens, o que tornou novamente a leitura empobrecida.

O estudante aplicou corretamente os parágrafos, mas não o fez de forma correta, dividindo frases correlacionadas em espaços distintos. A pontuação foi insuficiente, na medida em que marcou apenas o término de cada sentença, com a colocação do ponto final e uma vírgula. Nas questões ortográficas, não se encontraram desvios e a palavra "de repente" foi destaque, pois na avaliação inicial foi grafada indevidamente.

Ao comparar-se a produção inicial e final do estudante, pode-se verificar a manutenção de um mesmo tipo de estrutura entre as histórias. A simplicidade e clareza das histórias permaneceram, no entanto, o estudante acrescentou características de evolução após o término do Programa. A competência linguística foi a mais comprometida, porém, este fator não impediu uma estrutura mais elaborada e coesa da produção textual.

4.4.3 Análise das narrativas de estudantes do grupo B

Nos próximos subitens estão transcritas as avaliações iniciais e finais e análise qualitativa pormenorizada dos estudantes que representam cada faixa de classificação do grupo B.

4.4.3.1 Classificação regular

Como exemplo dos estudantes do **grupo B**, produções do **Sujeito 36**, que inicialmente encontrava-se na faixa de classificação *regular* (0-30%), serão apresentadas.

Esse estudante do sexo masculino pertencia à faixa social médio-baixa, com renda per capita de R$ 300,00. A família possuía materiais de leitura como revistas, jornais, Bíblia e livros de histórias. A mãe referiu que gostava de ler e utilizava a escrita para escrever cartas, bilhetes, receitas culinárias e tarefas escolares, pois tinha voltado a estudar. Ela percebia que seu filho não gostava de ler, até porque tinha muitas dificuldades na leitura e na escrita. Mesmo com certa resistência da criança, a mãe procurava incentivar a leitura e contava histórias de livros infantis. A criança tinha dificuldades na escrita e, segundo a mãe, ela não conseguia ler o que escrevia. Sua dificuldade refletia em um mau desempenho em todas as matérias escolares e estava participando do reforço escolar.

Na avaliação inicial, o estudante atingiu uma pontuação total de 11,54%, o que corresponde a um ponto na **competência enciclopédica** e dois pontos na **competência linguística**. Na avaliação final, somaram dezessete pontos entre as três competências, atingindo 65,38%.

Durante o Programa de Promoção de Narrativas Escritas, participou de 13 encontros, o que corresponde a 92,86% de frequência. Na Figura 12 pode-se acompanhar as notas obtidas pelo sujeito 36, nas avaliações inicial e final.

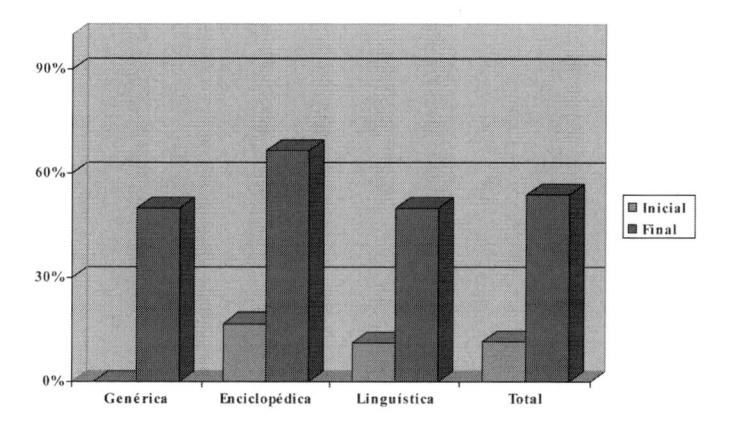

Figura 12: Desempenho na avaliação inicial e na final – Sujeito 36

Pela leitura do gráfico, verificou-se que o estudante que tinha atingido a faixa *regular* na avaliação inicial migrou na avaliação final para a classificação *médio*. A pontuação foi consideravelmente maior e o desempenho foi favorável nas três competências. As diferenças relevantes entre as características das produções podem ser acompanhadas na transcrição literal dos textos produzidos, dispostos nos Quadros 21 e 22.

Quadro 21: Produção da avaliação inicial do sujeito 36 (S.36) – grupo B/faixa regular (ANEXO K)

Eu faria um de zejo para emla e de poi eu sais coreido dom e la domea e pediria socoro

Em relação à **competência genérica**, o estudante apresentou uma produção textual classificada como exposição. O tipo textual não foi realizado adequadamente. Foi produzida apenas uma sentença em que citou as ações do personagem ao encontrar a bruxa. Pode-se considerar que a escrita foi superficial. O estudante articulou a produção como se estivesse respondendo a alguma pergunta.

A **competência enciclopédica** não foi apresentada na produção escrita e o estudante demonstrou pouco conhecimento para desenvolver seu texto. Inicialmente, por meio da inferência do leitor, acredita-se que o estudante remete-se a uma fada, pois relacionou a bruxa a um desejo. Depois, se pode inferir que o narrador estava com medo, pois o personagem sairia correndo e, enquanto a bruxa dormisse, pediria socorro. O estudante não utilizou um título para sua produção.

Em relação à **competência linguística**, a produção apresentou-se em primeira pessoa e apenas manteve as ações de dois personagens, o narrador-personagem e a bruxa, que não foi caracterizada. Não houve indicações de mudanças de tempo, nem espaço dessas ações. O tempo verbal foi mantido no passado.

O estudante não apresentou organização hierarquizada em seu texto, não marcou diálogos e nem parágrafos. Foi desenvolvida uma produção curta e sem nenhuma pontuação, com várias palavras escritas com ortografia inadequada.

No Quadro 22 pode-se acompanhar a avaliação final do estudante.

Quadro 22: Produção da avaliação final do sujeito 36 (S.36) – grupo B/faixa regular (ANEXO L)

> Os anois da floresta
>
> Um dia eu foi para a floresta com meus amigos, de repentia nos se perdemo quando a gente holhou para árvore vimos sinco olho vermelho.
> Era sinco anois da floresta quando ele foram para sima de nos a gente não pensou duas veses saimo coremdo de la dezisperedo.
> Procurando sair da floresta, mas não encoutrava a saída da floresta.
> Meus amigos ficaram assustado e fiquei tentado alcaumalo, mas adiantou nada.
> Mas fiaumente saímos da florestas do anois quando a gente saia da floretas protemo um para o outro que nuca mais.
> Quando a gente saiu da florestas vimo os anois saindo na espasonave.
> Fim

Na avaliação final, na análise da **competência genérica** observa-se que o estudante desenvolveu o tipo textual da narração. Essa produção apresentou-se com uma melhor estruturação, apesar de estar aquém do esperado.

Na **competência enciclopédica**, o estudante manteve-se parcialmente fiel ao tema, já que narrou o encontro com os anões e somente no término citou que estes anões entraram em uma nave espacial, ou seja, o tema não foi desenvolvido com detalhes. Um pequeno conhecimento sobre o assunto foi demonstrado, uma vez que apesar de ter mencionado criaturas diferentes, não forneceu outras características. Comparando a avaliação inicial com a final, na última o estudante colocou um título que estava correlacionado ao texto.

Na análise da **competência linguística,** o texto foi apresentado em primeira pessoa com narrador-personagem, que participou da história. Foi marcado o passar do tempo (*um dia, de repente*) e o espaço (*floresta, nave espacial*). O tempo verbal foi conjugado no passado e a produção apresentou uma sequência lógica e ordenada dos fatos. Embora o texto apresente problemas de coesão textual, existe uma coesão global, que o torna inteligível, se houver a colaboração do leitor.

Não houve marcação do discurso direto e somente algumas menções definiram marcas de subjetividade (*desesperados, assustados*). O estudante procurou respeitar parágrafos, mas não fez a marcação devida. A extensão da produção foi média e marcada de modo inadequado e a pontuação foi presente, apenas no término das sentenças com ponto final. A maioria das palavras foi ortografada inadequadamente, mas não prejudicaram a compreensão da leitura e também não foram objeto de análise.

Ao comparar-se a produção inicial e final deste estudante, pode-se verificar a relevante diferença que existe entre um texto e outro. A intenção de formular uma história é sensivelmente percebida na avaliação final, sendo que a proposta da primeira produção era apenas responder a algo que nem havia sido questionado. O título, que na avaliação inicial tinha sido esquecido, foi colocado na produção escrita final e estava relacionado ao texto. A narração destacou-se na melhora das três competências comunicativas, principalmente em relação à organização textual e disposição das ideias da produção escrita. Além disso, o estudante atribuiu maior subjetividade e soube conduzir corretamente o texto, promovendo maior coerência do início ao final da estrutura do texto.

4.4.3.2 Classificação médio

Como exemplo dos estudantes do **grupo B,** as produções do **sujeito 32,** que inicialmente encontrava-se na faixa de classificação *médio* (31%-60%), serão apresentadas e discutidas.

Este estudante do sexo masculino pertencia à faixa social médio-baixa e a renda per capita era de R$ 250,00. A família possuía em casa materiais de leitura como revistas e livros de histórias. A mãe referiu que não gostava de ler, não costumava escrever e somente assinava seu nome, quando necessário. Ela percebia que seu filho não gostava de ler, mas ela sempre contava histórias infantis ou de família. A criança tinha dificuldades com matemática e a maior queixa escolar era em relação à falta de atenção em sala de aula. O estudante não acompanhava o reforço escolar, apesar das dificuldades notadas pela família.

Na avaliação inicial, o estudante atingiu 34,62%, o que corresponde a um ponto na **competência genérica,** um ponto na **competência enciclopédica** e sete pontos na **competência linguística.** Na avaliação final, somou 24 pontos entre as três competências, atingindo 92,31%.

Durante o Programa de Promoção de Narrativas Escritas participou de 12 encontros (85,71% de frequência). Na Figura 13 podem-se acompanhar as notas obtidas pelo sujeito 32 nas avaliações inicial e final.

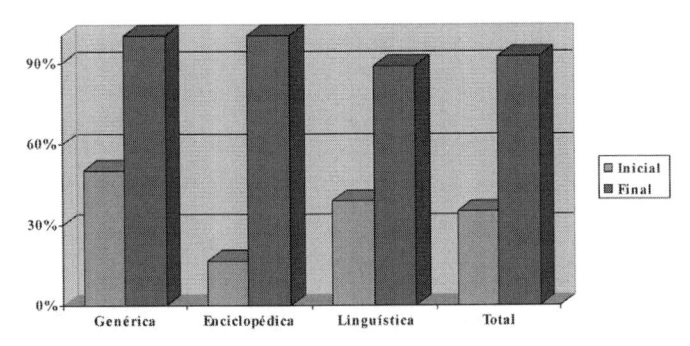

Figura 13: Desempenho na avaliação inicial e na final – Sujeito 32

Pela leitura do gráfico acima, verifica-se o estudante migrou da faixa *médio*, na avaliação inicial, para *ótimo* na final e a pontuação aumentou consideravelmente (34,62% para 92,31%). Seu desempenho foi favorável em todas as competências. As diferenças entre as características das produções podem ser acompanhadas na transcrição literal dos textos produzidos, dispostos nos Quadros 23 e 24.

Quadro 23: Produção da avaliação inicial do sujeito 32 (S.32) – grupo B/faixa médio (ANEXO M)

Era uma vez uma garotinha que se chamava Julinha ela tinha um irmãosinho, ele era muito esperto, sempre ganhava as brincadeiras da escola dele, mas só que um dia ele se deu mal elefoi para uma enorm e floresta, lá não se vivia nenhum tipo de vida ao não ser uma bruxa terriv el nunca ficava brincava nem sorria. Na verdade desde criança ela já era uma bruxinha, quando vinha colegas da escola ela ispuçava da sua casa e foi crecendo assim. O menino foi na floresta e encontrou ela, a tal da bruxa, as pessoas chamam ela de bruxa da floresta menino nem teve tempo de falar saiu correndo.

Em relação à **competência genérica**, o S.32 desenvolveu uma narração. O tipo textual não foi realizado corretamente, pois apesar de expressar ações relacionadas ao tema, não obedeceu a estrutura completa, esperada para uma narrativa. O estudante apresentou os personagens e suas características, conduziu para a evolução da problemática, mas não procurou desenvolver o encadeamento das ações de modo adequado, causando frustração ao leitor, que ficou buscando a continuação ou um desfecho mais elaborado.

A **competência enciclopédica** esteve precariamente apresentada, pois algumas características dos personagens foram dadas, porém de modo bem incompleto e superficial. O estudante não apresentou o título da produção realizada.

Na análise da competência linguística, observou-se que a história foi escrita na terceira pessoa, foram apresentados três personagens, mas a ação foi concentrada em apenas dois (irmãozinho e a bruxinha).

Houve indicações de tempo e espaço dessas ações, com mudanças marcadas de local ([...] foi para uma enorme floresta). O tempo verbal foi utilizado no passado, mantido durante toda a produção. A não marcação do diálogo exigiu uma maior atenção do leitor, que se não acompanhasse com atenção a leitura, poderia ficar com a impressão de que o tempo verbal não havia sido conjugado no tempo certo.

O texto apresentou certa organização hierarquizada. No início, foram apresentados o cenário e os personagens, mas eles não interagiram e não foram produzidas ações conjuntas. Não houve marcação de diálogos e de pontuação. Apesar da utilização de parágrafos, esses se dispuseram de forma inadequada.

Para a análise da produção escrita, considerou-se a mudança de linha como critério para mudança de parágrafo (Era uma vez /uma garotinha que se chamava Julinha). As frases separadas, por linhas distintas, tornaram as sentenças incompletas ou aglutinadas sem continuidade, tornando a referência confusa.

Foi desenvolvida uma produção curta e com pontuação utilizada de modo inadequado e insuficiente, com uso de vírgulas e pontos. Existem alguns erros ortográficos bem característicos, como a divisão de algumas palavras, não respeitando o limite vocabular comum (elefoi, enorm e, terriv el).

No Quadro 24 pode-se acompanhar a avaliação final do estudante.

Quadro 24: Produção da avaliação final do sujeito 32 (S.32) – grupo B/faixa médio (ANEXO N)

O engano na floresta

Minha mãe falou para ir a casa da minha avô levar um bolo de aniversario. Fui bem cedo, para não voutar muito tarde. Nós morava-mos numa casa, na floresta, e por isso fui por uma estradinha que tinha lá. Eu conhecia muito bem o caminho e por isso ela disse para ir.
Quando estava no meio do caminho encontrei outras estradas, ligadas com a que se estava indo.
— E agora, pela qual vou? Já sei vou pela a esquerda, disseram que o esquerda da sorte.
Comesei a caminhar, só que eu não estava indo para a casa do meu avô, estava dando voutas pelo o mesmo caminho. Depois de muito tempo dando voutas pelo mesmo caminho resouvi parar e descansar num tronco de árvore, e acabei cochilando. Acordei, mas já estava de noite. Fiquei com muito medo, mas com muito medo mesmo.
De repente ouvi um barulho. Essa não, era um disco voador não identificado e comesei a correr de medo. Quando corria, ouvi:
— Espere, espere!
Olhei para trás e tomei um sustão. Era um alien.
— Fique longe de mim - Disse assustado.
— Não, você está enganado isso não é um disco voador, é um brinquedo, e, eu não sou um alienigiena, essa é uma fantasia - falou ele tirando seu capacete.

(continua)

> — Vovô, e você mesmo?
> — Claro que sim - respondeu ele - Agora vamos para minha casa..
> — Ah é, vovô tenho um bolo para o senhor que minha mãe madou.
> E lá foran eles.
> Fim

Na avaliação final, o estudante desenvolveu a tipologia textual de narrativa, mantendo a competência genérica, com estrutura mais definida. Esta produção apresentou-se mais próxima da proposta que se esperava alcançar. Apesar de na introdução não ter sido dispensado maior cuidado para apresentação dos personagens, foi interessante o modo como o estudante relacionou as ações do personagem (Eu conhecia muito bem o caminho e por isso ela disse para ir).

Na competência enciclopédica, o estudante se apresentou fiel ao tema. No princípio da narrativa, manteve um esquema de história próximo ao conto "Chapeuzinho Vermelho", entretanto, foram surpreendentes a modificação e adaptação feita da introdução para se ajustar ao tema proposto. O estudante demonstrou seu conhecimento em relação ao tema (*disco voador, aliens*), apesar de, ao oferecer características interessantes, confundir a denominação de objeto voador não identificado com "disco voador não identificado".

O uso do título foi bem empregado, sugerindo o desenrolar da história e teve correlações bem diretas ao texto, demonstrando criatividade e a forma surpreendente como o estudante adaptou a história.

Na competência linguística, o texto foi produzido em primeira pessoa, em que assumia a posição de narrador-personagem de modo coerente. Essa postura permaneceu até o final.

A marcação do passar do tempo foi aplicada de modo claro e coerente (*fui cedo, depois de muito tempo, estava noite*), como também a mudança do espaço (*a própria casa, estradas, florestas, casa da avó*).

O tempo verbal permaneceu no passado e alguns equívocos em relação à conjugação existiram, pois, em algumas partes do texto, houve falhas na concordância entre pessoa e número. A produção apresentou uma sequência lógica e clara entre as ações e suas consequências, mantendo-se coerente e com elementos de coesão bem aplicados.

O texto apresentou apenas uma intenção de subjetividade para expressar o susto do narrador-personagem ao se encontrar com um ser de outro planeta (*Olhei para trás e tomei um sustão. Era um alien.*). O estudante utilizou marcação de diálogos entre os personagens com uso adequado de referência entre as falas dos personagens apresentadas e ao estado em que cada um se encontrava, oferecendo uma riqueza importante ao texto para a condução de um final coerente.

A marcação de parágrafos foi cumprida em todo o texto. A extensão longa da produção contou com cerca de quatorze parágrafos claros e coerentes, que permitiram a coesão do texto. Na maioria das vezes, a pontuação foi presente na produção e empregada de modo correto, desconsiderando-se algumas inadequações.

Ao comparar-se a produção inicial e a final do estudante, pode-se verificar uma evolução importante entre as histórias, perceptível para qualquer leitor. A clareza da história realizada ao término do programa é sensivelmente alcançada na avaliação final, que enfatiza de modo mais intensificado a estrutura de início, desenvolvimento e desfecho necessário para a formulação da narrativa, com marcação de parágrafos bem definidos. O modo como o estudante apresentou os diálogos foi surpreendente e enriquecedor para o desenvolvimento da história.

Na avaliação final, a utilização da competência linguística pelo estudante foi bem-apresentada se comparada com o texto inicial, sendo bem desenvolvida.

O estudante apoiou-se em uma história padronizada, entretanto, sua criatividade permitiu a reescrita de um texto original, o que tornou a leitura bem empolgante.

4.4.3.3 Classificação ótimo

Como exemplo dos estudantes do **grupo b,** produções do **sujeito 49,** que inicialmente encontrava-se na faixa de classificação ótimo (maior que 61%), serão apresentadas.

Essa estudante do sexo feminino pertencia à faixa social alta e a renda per capita era de R$ 1.000,00. A família possuía em casa revistas, jornais, livros e internet para leitura.

O pai referiu que gostava de ler, mantinha cotidianamente o hábito em casa e utilizava a escrita no ambiente de trabalho para confecção de relatórios e, em casa, com o uso do computador. Ele percebia que sua filha gostava de ler e enfatizou sua preferência em escrever e preparar peças de teatro para o grupo do qual participava. Ele e a mãe incentivavam a leitura e costumavam contar e ler histórias desde o nascimento da filha.

A criança não tinha dificuldades em nenhuma matéria escolar e participava do reforço escolar como monitora.

Na avaliação inicial, a estudante atingiu 72,22%, o que corresponde a 2 pontos na **competência genérica**, 5 pontos na **competência enciclopédica** e 13 pontos na **competência linguística**. Na avaliação final, somou 19 pontos entre as três competências, atingindo 92,31%.

Durante o Programa de Promoção de Narrativas Escritas, participou de 13 encontros (92,86% de frequência). Na Figura 14, podemos acompanhar as notas obtidas pelo sujeito 49, nas avaliações inicial e final.

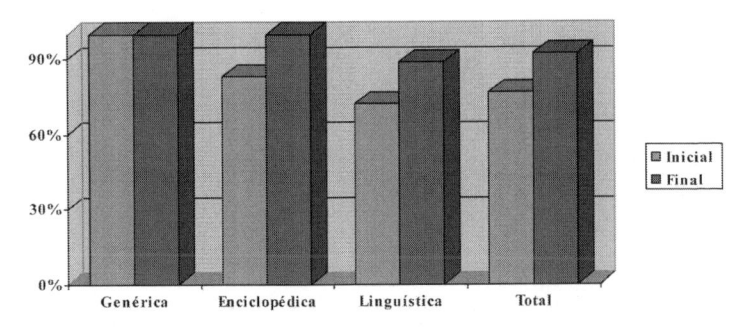

Figura 14: Desempenho na avaliação inicial e na final – Sujeito 49

Pela leitura do gráfico, verifica-se que a estudante permaneceu na faixa *ótimo*, em ambas as avaliações, sendo que a progressão pode ser observada na porcentagem, que teve certo aumento (72,22% para 92,31%). Seu desempenho foi favorável principalmente nas competências **enciclopédica** e **linguística**, não havendo mudanças significativas nas características da **competência genérica**, que já se encontrava bem elaborada na inicial. As diferenças entre as características das produções podem ser acompanhadas na transcrição literal dos textos produzidos, dispostos nos Quadros 25 e 26.

Quadro 25: Produção da avaliação inicial do sujeito 49 (S.49) – grupo A/faixa ótimo (ANEXO O)

> Se eu encontrar uma bruxa
> Num dia na escola de arqueologia meu professor disse: que eu ia ao deserto procurar pedras preciosas.
> E eu ia ao deserto procurar pedras preciosas.
> E eu não podia recusar então lá fui eu. Já no deserto eu já imaginava encontrar ouro ou melhor um tesouro enterrado. Mas eu não encontrei nada disso eu encontrei uma coisa muito pior uma bruxa e quando dei de cara com a bruxa eu pensava que já era meu fim. Mas lembrei de uma coisa que as bruxas tem uma fraqueza mas qual fraqueza?
> Então não perguntei a bruxa sai correndo e parei atrás de uma pedra eu ficava olhando a tal bruxa quanto mais ela se afastava eu ia junta indo de pedra em pedra.
> Até que a bruxa entrou numa cabana abandonada muito fedorenta e suja.
> Então quando ela entrou saí de trás da pedar e olhei pela janela e falei: Há! Então essa é a casa da bruxa né.
> E eu entrei lá e vi a bruxa dormindo aliás roncando.
> E procurei pista e me perguntei mas eu não sou Scoob Doo!
> Então resolvi procurar na casa dela alguma coisa de valioso e eu encontrei um vaso de ouro.
> E sai correndo até chegar no carro e vi até o museu de arqueologia e achava que ia tirar um 10 bem grandam.
> Mas quando cheguei ao museu ele estava fechado e eu falei:
> Que má sorte!!! Então foi ai que eu percebi que era o vaso então fui correndo para o deserto devolver o vaso quando cheguei lá advinha quando fui abrir a porta foi a bruxa que abriu e eu tinha que devolver então dei na mão dela e sai correndo.
> E quando cheguei a escola disse a todo mundo
> Eu vou sair da escola porque não agüento mais aventura. chega vou me demitir.

A estudante S. 49 do grupo b, classificada como ótimo, desenvolveu uma narrativa. Na competência genérica, observa-se que a produção textual foi desenvolvida de forma adequada, com ideias criativas e destacam-se em relação às demais produções realizadas pelos outros estudantes da turma. Entretanto, a leitura do texto não é totalmente fluente, pois a estudante o desenvolveu de modo truncado, com excesso de sentenças curtas. A estudante não apresentou os personagens e nem o cenário.

A competência enciclopédica estava apresentada em alguns detalhes lançados no texto, que demonstraram um bom conhecimento de mundo da estudante (professor de arqueologia). Entretanto, em relação à bruxa, não foram fornecidos muitos dados, o que pode denotar um conhecimento mais restrito ou parcial. A estudante utilizou título relacionado à produção, porém, a marcação no subjuntivo pode provocar uma intenção que não correspondeu no transcorrer do texto.

Na análise da competência linguística, observou-se que a produção apresentada em primeira pessoa manteve a coesão referencial do início ao término. O narrador era personagem, assim apresentou-se em primeira pessoa e apesar de separar diálogos no discurso direto, não foi feita nenhuma referência ou marcação. O tempo verbal foi utilizado no passado, mantido durante toda produção e conjugado corretamente.

Uma falha da produção foi a ausência da marcação do diálogo e a falta de referência do personagem que falava, havendo necessidade de retomar em alguns trechos para acompanhar seu desenvolvimento. Essas características negativas foram destacadas devido à estudante escrever bastante, o que resulta em uma maior exposição a possíveis falhas.

Na utilização de parágrafos, a estudante usou espaços para marcá-los, mas nem todos estão dispostos de forma adequada. Foi desenvolvida uma produção longa e com pontuação insuficiente, sendo apenas marcado algumas vezes o ponto final, dois pontos e vírgulas. Existem palavras grafadas incorretamente e desvios ortográficos.

No Quadro 26 pode-se acompanhar a avaliação final desta estudante.

Quadro 26: Produção da avaliação inicial do sujeito 49 (S.49) – grupo A/faixa ótimo (ANEXO P)

Disco voador
Um dia Alessandra, Mariana, Laleska e Amanda ganharam um convite para ir a floresta.
Mas lá diziam que lá já viram um disco voador.
Chegou o dia, do passeio, o ônibus estava lá bem cedinho, as 7:00 hs da manhã o ônibus já estava saindo para a grande aventura.
Alessandra pressentiu que alguma coisa ia acontecer
Mariana foi a primeira a sair do ônibus, e foi correndo para um pé de goiaba, Amanda e Laleska foram pegar lenha para a fogueira e a Alessandra ficou encarregada de arrumar as barracas.

Laleska e Amanda estavam pegando lenha quando de repente viram um disco, e foram correndo avisar para Mariana e a Alessandra mas não deu tempo e os marcianos desceram do disco e pegaram elas para as suas experiências.
— Mariana, você viu a Amanda e a Laleska?
— Não vi, por que?
— Faz a uma hora que elas não aparecem. Apanhar lenha não demora tanto assim.
— Vai ver que elas não acharam
No disco voador:
— Quem é você? - disse Amanda
— Eu sou o Embaixador Mariana.
— Quero fazer experiências - Marciano
— Com quem?
— Com seu corpo, suas arterias, seus corações e principalmente seu cérebro.
Na terra:
— Mariana vamos procurá-las?
— Não elas estão bem
— Não, vamos procura-las sim, leve algumas goiabas e vamos.
E começou a procura
— Laleskaaaaaaaa! Amandaaaaaa!
Até que viram um disco voador

(continua)

> A porta da nave abriu de repente e curiosas entraram na quela gigante nave espacial.
> Elas entraram e a porta se fechou rapidamente
> Proummmm!
> — Ah! Parece casa de fantasma
> Andaram um pouco mais e encontraram um relógio que estava contando os segundos e as suas amigas estavam ali embaixo e só faltavam 30 segundos e Alessandra e Mariana soltaram as suas amigas e sairam dela mais a porta estava fechada Laleska acidentalmente pro botão que fez abrir a porta e saíram 1 segundo antes.
> E a nave foi embora da terra.
> Ah! Alessandra nunca mais vou numa floresta.

Na avaliação final, pode-se acompanhar que na **competência genérica**, a estudante desenvolveu uma narrativa mantendo a mesma estrutura da avaliação inicial, entretanto, a evolução na produção final pode ser notada em relação ao desenvolvimento de uma introdução, de ações, problemática e desfecho coerente.

Quanto à **competência enciclopédica**, a estudante demonstrou seu conhecimento em relação ao tema proposto (experiências com marcianos, gigante nave espacial, botão para abrir a porta, a nave parecia casa de fantasma), mas não ofereceu características complementares. O uso do título foi bem simplificado, mas manteve correlação com a temática desenvolvida.

Na **competência linguística**, observaram-se grandes modificações positivas, como na marcação dos diálogos com referência do personagem (*— Quem é você? – disse Amanda*), marcação de tempo e espaço (*Andaram um pouco mais e encontraram um relógio; No disco voador: — Quem é você? – disse Amanda; Na terra: — Mariana vamos procurá-las?*) e desenvolvimento do texto bem fundamentado (*— Quero fazer experiências – Marciano/— Com quem? /— Com seu corpo, suas arterias, seus corações e principalmente seu cérebro*).

A estudante produziu o texto em terceira pessoa, que assim foi mantido até o final, dotado de uma linguagem simples e direta.

A estudante relacionou de forma interessante a marcação do tempo e espaço, possibilitando descrever ações que ocorriam concomitantemente em lugares diferentes, com as personagens que estavam na floresta e as outras que estavam na nave espacial na companhia dos marcianos. O tempo verbal foi conjugado de modo coerente na maioria das sentenças, às mudanças indicadas pelo texto e mudança dos dêiticos temporais. A produção apresentou uma sequência lógica e clara das ações e suas consequências.

No texto foram apresentadas marcas de subjetividade e promoveu-se um suspense interessante das ações que iriam acontecer.

A marcação dos diálogos permitiu ao leitor acompanhar a fala dos personagens de acordo com a referência explicitada de forma clara e corretamente pontuada com uso de travessões e hífens.

A pontuação foi aplicada de modo satisfatório, apesar de não estar totalmente adequada. A omissão de algumas vírgulas e pontos ou o uso inadequado não comprometeram a leitura da produção. Na ortografia, a maioria dos vocábulos foi escrita corretamente, havendo ausência de acentuação gráfica em algumas palavras.

Ao comparar a produção inicial e final da estudante, pode-se verificar uma evolução importante entre as histórias em relação à estrutura do texto. A estudante manteve o seu modo de escrever, mas após o Programa de Produção de Narrativas Escritas intensificou alguns detalhes estruturais, que enriqueceram o seu texto, promovendo melhor referência e suspense ao leitor. A marcação dos diálogos foi importante para tornar o texto mais claro, já que esta ausência na primeira produção tornou a leitura mais difícil de ser acompanhada. A **competência linguística** foi bem desenvolvida na segunda história e sua apresentação possibilitou uma leitura interessante.

4.5 Algumas considerações sobre o desempenho dos grupos

Os grupos A e B, constituídos por trinta estudantes em cada um, apresentaram algumas características distintas em relação ao nível de letramento dos alunos e familiares, trabalho pedagógico das professoras, situações atípicas como a troca de três professoras durante o ano letivo no grupo B, motivação frente às propostas de prática de narrativas escritas, participação das professoras na parceria com os programas propostos pela fonoaudióloga e desempenho nas avaliações iniciais. Entretanto, as diferenças não foram consideradas estatisticamente significantes e cada grupo, respeitando suas características, acolheu de modo positivo os programas de práticas de narrativas.

Os estudantes apoiaram a proposta e buscaram produzir textos que não fossem destinados somente para correção escolar. Assim, suas novas narrativas teriam o destino da leitura que divertia, como aquelas histórias contadas ou visualizadas por meio da leitura compartilhada com a fonoaudióloga. Rojo (2003, p. 202) atribui grande relevância à mudança no campo de produção de textos na escola, que abandona o estabelecimento de esquemas pré-estabelecidos para possibilitar novos conceitos interpretativos, tais como: "*vozes, gêneros, planos enunciativos, dialogismo e novas categorias linguístico-enunciativas*".

Todas as produções finais dos estudantes, analisadas nesta pesquisa, atingiram melhora nas três competências comunicativas, produzindo narrativas coerentes e estruturas organizadas, elaboradas com riqueza de detalhes e ações. A preocupação e cuidado dos estudantes com as produções demonstraram que, ao término do Programa de Prática de Narrativas Escritas, os textos eram mais arrojados e cada um tinha menor receio de expor suas histórias. Quanto a esse aspecto, concorda-se com Marcuschi (2003) que salienta que entre a oralidade e a escrita não existem diferenças quanto aos conhecimentos que podem ser por elas transmitidos ou gerados.

Os dois tipos de Programa de Práticas de Narrativas Escritas trouxeram avanços nas três competências comunicativas, resultando em textos mais estruturados, coerentes e coesos. Para alguns estudantes do grupo A, que não tiveram progressos na **competência linguística**, as produções, mesmo carentes de elementos importantes para a estrutura textual, apresentaram evolução, resultando ao leitor uma melhor interpretação da mensagem. Para Maingueneau (2002) é imperativa a interação entre as competências, na medida em que o desempenho do autor em uma determinada competência pode remediar as deficiências ou o fracasso do recurso das outras.

As diferenças na **competência linguística** encontradas entre os dois grupos remetem a uma maior reflexão sobre os benefícios de cada Programa de Práticas de Narrativas Escritas para os grupos trabalhados. O fato do grupo B desenvolver um crescimento significativo na **competência linguística** entre as fases inicial e final e, no grupo A, os recursos linguísticos não ter apresentado uma evolução significativa, sugerem que o trabalho baseado na multiplicidade de linguagens, enfocando o letramento, produziu um avanço na escrita dos estudantes.

O contato com o livro e a forma como o Programa foi executado no grupo B, possibilitou aos estudantes a busca de informações, ajuste da estrutura, atenção às regras da escrita, comparação de textos, discussão e incentivo à escrita de novas produções, sem receios e medo de expor suas dificuldades. As conquistas obtidas com a leitura dos livros infantis possibilitam ao leitor o contato com uma estrutura completa do texto e auxiliam desde a ampliação do vocabulário até o aprimoramento da expressão oral e raciocínio lógico para as interpretações de causa e efeito. O convívio com livros proporciona maior ganho e aprimoramento da linguagem escrita das crianças, principalmente se as histórias levarem a uma discussão e interpretação conjuntas entre o contador ou leitor e seus ouvintes (BUS; VAN IJZENDOORN, 1995; BAKER; SCHER; MACKLER, 1997).

Perrota, Wey Märtz e Masini (1995) compartilham destas ideias e ressaltam que a leitura deve ser sempre incentivada e descoberta a cada dia, fazendo com que a criança encontre a escrita em sua vida.

A supremacia das habilidades de leitura e escrita de crianças que convivem com práticas de leitura e escrita cotidianamente e vivem em ambientes de letramento foi destacada também por Soares (2000), que ressalta que o convívio frequente e mais intenso com material escrito e com práticas de leitura acarreta o aperfeiçoamento das produções escritas.

As características linguísticas mais evidenciadas nas produções dos estudantes do grupo B foram o maior uso de dêiticos espaciais e temporais, a marcação dos diálogos dos personagens, uso correto dos parágrafos, extensão das narrativas e melhor adequação da pontuação.

A melhora das qualidades linguísticas após programas de leitura foi encontrada por outros pesquisadores, que realizaram trabalhos com escolares com maior direcionamento às tarefas de leitura e enfoque na escrita, como indica Vieiro e García-Madruga (1997), Hadley (1998), Kaderavek e Sulzby (2000), Scott e Windsor (2000) e Ciboto (2006). De acordo com estes autores e complementando os achados desta pesquisa, concorda-se com Yaden e Tardibuono (2004) que consideram a leitura e discussão de diversos livros fundamental para que se entre em contato com um discurso escrito, resultando num aprimoramento das habilidades de escrita na escola.

Os resultados favoráveis do grupo B remetem a reflexões de como a utilização de recursos que possibilitam a manifestação de outras linguagens no âmbito escolar pode atingir resultados positivos e afastar os estudantes do sentimento de tédio, preguiça ou refúgio em atividades de rabiscar e desenhar, afirmados na pesquisa de Enuno, Ferrão e Ribeiro (2006). Muitas vezes, em sala de aula, esses recursos não conquistam espaço, pois competem com outras atividades pela busca de resultados visíveis em curto prazo. Nesse sentido, Garcia (2000) relata que a maioria dos projetos pedagógicos brasileiros desconsidera o que não for aula formal com livros, dever de casa e avaliação muito severa, o que resulta na fragmentação e empobrecimento do processo educativo.

4.6 Programas de Promoção de Narrativas Escritas

As produções escritas durante os quatorzes encontros do programa de promoção de narrativas escritas foram analisadas de forma simplificada quanto à tipologia do discurso e manutenção temática. Como o trabalho com livros de histórias foi exclusivamente com narrativas, esperava-se que a produção dos estudantes seguisse esta mesma estrutura tipológica, fato que realmente aconteceu nos dois grupos trabalhados.

Em cada semana foram trabalhados temas diversificados e esperava-se que cada estudante realizasse uma nova história mantendo o mesmo tema. Em relação à produção de uma nova história, em geral, os estudantes realizaram histórias criativas. Entretanto, em algumas semanas, houve ocorrências de produções parafraseadas.

Cada produção foi pontuada segundo os critérios expostos no Método (vide Tabela 11 no Capítulo 3). Nas Tabelas 35 e 36, pode-se acompanhar a média obtida com a pontuação das produções escritas de cada grupo.

Tabela 35: Pontuação obtida nos encontros dos Programas de Promoção de Narrativas Escritas/média e desvio-padrão

Grupo	Análise geral	Avaliação	
		Inicial	Final
A	Médias	3,4	4,0
	Desvio-padrão	1,5	1,1
	N	30	30
B	Médias	3,7	4,2
	Desvio-padrão	1,0	1,3
	N	30	30

Tabela 36: Comparação entre os grupos – Teste ANOVA para análise geral

Efeito	p-value
Grupo (A/B)	0,31190
Momento (inicial/final)	0,0063 *
Grupo x momento	0,9318

* estatisticamente significante

Pela comparação da evolução dos grupos, nos quatorze encontros dos Programas de Promoção de Narrativas Escritas, pode-se visualizar na Figura 15 os resultados estatisticamente significantes para o momento (inicial e final). Ambos os grupos alcançaram crescimento significativo entre as fases inicial e final e este aumento foi homogêneo, o que demonstra que, para ambos os grupos, os resultados foram relevantes.

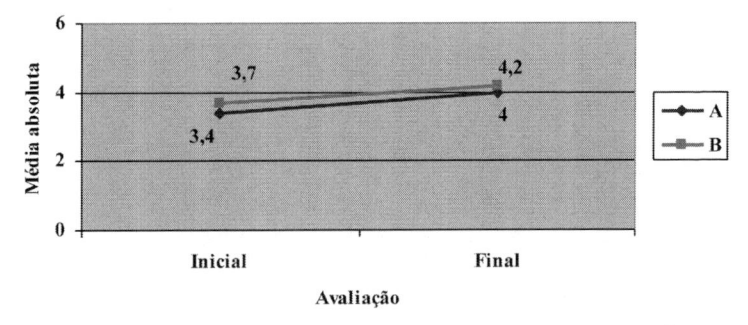

Intervalo de confiança para a média: média ± 1,96 * desvio-padrão / √ (n-1)
Figura 15: Pontuação obtida nos encontros dos Programas de Promoção de Narrativas Escritas/médias, desvio-padrão.

Os estudantes de ambos os grupos alcançaram resultados positivos com a participação nos Programas de Práticas de Narrativas Escritas e, a cada participação, a evolução gradativa da qualidade das produções pode ser mensurada. A empolgação e satisfação dos estudantes em acompanharem o conto ou leitura de histórias, que a cada semana tornavam-se maiores e mais sofisticadas em termos linguísticos, são resultados que não podem ser tratados estatisticamente, pontuados ou classificados. Entretanto, estes podem ser considerados como verdadeiro termômetro indicativo do quanto vale a pena investir em recursos mais interativos, que valorizam as diversas linguagens para obter avanços na escrita dos estudantes. Estes dados corroboram Colello (2004), no que diz respeito a combinar a ensino com o brincar, por meio do jogo, estimulando o repertório motor, o trabalho com o corpo e desenhos, fugindo do esquema tradicional de giz, lousa, lápis e caderno.

4.7 Estudantes com dificuldades para produzir textos

Foram considerados os estudantes com maiores dificuldades para produzir textos aqueles que obtiveram na avaliação inicial, pontuação menor ou igual a 15% de acertos na análise das competências comunicativas.

As produções desses sujeitos (n=8, sendo dois estudantes do grupo A e 6 estudantes do grupo B) foram analisadas de modo simples qualitativamente quanto à **competência genérica** (tipologia do discurso), quanto à **competência enciclopédica** (fidedignidade ao tema) e quanto à **competência linguística** (organização sequencial), de acordo com os critérios de pontuação apresentados na Tabela 12, no Capítulo 4.

Desses estudantes, a maioria dos pais apresentavam queixas em relação a dificuldades de leitura e escrita, com exceção do S.48 e todos participavam das aulas de reforço escolar oferecidas pela escola fora do horário das aulas.

Pode-se considerar o número expressivo de faltas durante os encontros, pois somente os estudantes 4 e 39 estiveram em todos os Programas de Práticas Narrativas. Os demais não compareceram em até quatro semanas, o que comprometeu a continuidade dos objetivos de cada encontro. Entretanto, em relação ao desempenho, este não pode ser considerado um fator de prejuízo, pois o estudante 39, que deixou de participar em quatro encontros, teve uma pontuação bem maior na avaliação final se comparado ao estudante 18, que compareceu em todos os encontros.

A falta de relação entre a ausência escolar e as dificuldades de aprendizagem foram discutidas em uma pesquisa realizada por Enuno, Ferrão e Ribeiro (2006), que indicou a frequência escolar como um fator não significativo entre os estudantes com e sem dificuldades escolares, apesar das professoras indicarem a não assiduidade como rotineira entre os estudantes com pior rendimento escolar.

Em relação ao desempenho destes sujeitos nas avaliações iniciais e finais, pode-se observar a pontuação obtida na Figura 16.

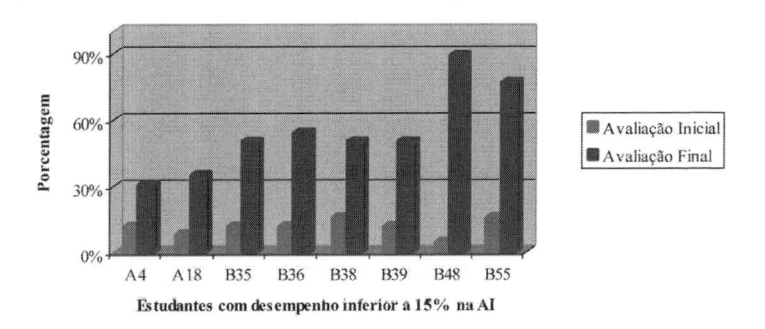

Figura 16: Pontuação obtida nos encontros dos Programas de Promoção de Narrativas Escritas dos estudantes com rendimento menor que 15% na avaliação inicial

Conforme visualiza-se, todos os estudantes apresentaram progressos em suas participações, atingindo em geral uma melhor pontuação na avaliação final. Os estudantes do grupo A dobraram a pontuação e mudaram sua faixa de classificação para *médio*. Os estudantes do grupo B apresentaram um desempenho maior, atingindo mudanças na classificação para os níveis *médio* e *ótimo*. Estes dados demonstram, mais uma vez, a importância de promover no cotidiano escolar um trabalho articulado com estímulos visuais, auditivos e motores, aproveitando a oralidade e o mundo externo vivido pelo estudante, conforme ressaltam os autores Edwards, Gandini e Forman (1999), Katz (1999), Garcia (2000) e Colello (2004), ao valorizarem a complexidade linguística e criticarem a ruptura da linguagem da criança em relação à trabalhada na escola.

5. Considerações finais

Nesta pesquisa, teve-se por objetivo analisar duas propostas de trabalho com práticas de narrativas escritas, apoiadas em livros de histórias infantis, com a finalidade de verificar quais recursos seriam mais eficientes para beneficiar estudantes de 3ª série do ensino fundamental na elaboração da produção de textos.

Foram executados para cada grupo de estudantes dois programas nos quais se trabalhou com os mesmos livros e estratégias divergentes. Na primeira turma (grupo A) desenvolveu-se o contar das histórias por meio de uma linguagem única, a oral. Na outra turma (grupo B), foi lançada uma multiplicidade linguística, ou seja, em conjunto com a leitura compartilhada dos livros projetados em tela, investiu-se na imagem, na escrita e na prosódia.

Pela comparação da análise da produção textual no momento inicial e final, após quatorze semanas de trabalho, verificou-se evolução em todas as competências comunicativas dos estudantes. Os dois grupos apresentaram ganhos na qualidade de suas escritas, produzindo textos maiores e coerentes, preocupados na manutenção e fidedignidade do gênero, ao demonstrar preocupação em expor os conhecimentos relacionados à temática e a estruturação das narrativas.

Apesar dos benefícios serem conquistados em ambos os Programas, a supremacia do grupo B pode ser notada tanto na pontuação obtida quanto na qualidade dos textos desenvolvidos. Estes dados foram tratados estatisticamente e a diferença significante entre as turmas é verificada com maior ênfase na análise da competência linguística. Os estudantes desenvolveram textos com atenção à estrutura, marcação de parágrafos e diálogos, preocupação com o desenrolar da trama atribuindo maior subjetividade às ações de seus personagens e maior cautela para concordância verbo-temporal e uso de pontuação.

Este progresso foi extremamente significativo, uma vez que ocorreu apesar das restrições quanto ao número reduzido de encontros, à falta de planejamento conjunto com as professoras e à integração com os conteúdos programáticos. A possibilidade da implantação do Programa de Práticas em Narrativas Escritas nas escolas conquistaria benefícios mais relevantes e expressivos se estivesse inserido no contexto pedagógico da escola, na qual pudesse considerar o trabalho do fonoaudiólogo como parte integrante da equipe pedagógica.

Ressalta-se também que os Programas conquistaram a admiração dos estudantes em relação à escrita e a motivação para buscar produzir narrativas organizadas e criativas em cada semana. Mesmo as crianças que não tinham a capacidade de produzir textos e foram excluídas da amostra desta pesquisa merecem uma menção neste momento, pois participaram do programa com entusiasmo e produziram desenhos que traduziam o envolvimento e acompanhamento do Programa.

Os professores em conjunto ao fonoaudiólogo devem refletir sobre meios que conduzam ao trabalho que possibilite transitar por diferentes possibilidades de atuação com texto, variando e enriquecendo as experiências das crianças, evitando-se o distanciamento do universo e da bagagem que cada um carrega de seu mundo.

Por ter sido um trabalho acadêmico, a participação mais direta e envolvida das professoras ficou prejudicada, embora tenham se posicionado de forma receptiva e até uma delas deu continuidade às atividades do programa em sua rotina de trabalho. Ainda assim, o relacionamento permaneceu muito aquém do que se espera.

A parceria entre educação e fonoaudiologia deve objetivar a valorização da participação de cada profissional envolvido para considerar cada estudante individualmente, dentro dos seus níveis de evolução da leitura e da escrita, lidando com as diferenças do grupo.

Todos os estudantes e especialmente aqueles que apresentaram dificuldades relevantes no processo de desenvolvimento de linguagem escrita e inicialmente produziram textos muito aquém da média do restante da turma aproveitaram cada encontro de modo a beneficiar-se na realização das produções escritas. Mais uma vez, apesar dos ganhos obtidos em ambos os grupos, pode-se enfatizar que os estudantes que participaram do grupo B apresentaram evolução significante em suas produções e atingiram pontuações elevadas, conquistando médias elevadas e interesse em arriscar mais ao produzir um texto criativo e característico.

Com isso, consideram-se os benefícios trazidos por este trabalho, que aproximou a prática escolar de um enriquecimento da linguagem do cotidiano e valorizou a linguagem mais próxima da realidade dos estudantes, principalmente no grupo B, o qual enfatizou diversas linguagens objetivando melhoria na linguagem escrita destes estudantes.

As crianças acompanharam os Programas de Promoção de Narrativas Escritas com empolgação e expectativa, aproximando-as das narrativas de modo prazeroso. A promoção de resultados satisfatoriamente positivos revela a importância do trabalho em parceria para estabelecer meios e metas refletidas em conjunto pelos profissionais, em prol do estudante.

O Programa de Promoção de Narrativas Escritas com base na leitura compartilhada dos livros infantis constitui-se em uma estratégia mais eficiente para auxiliar o estudante a desenvolver melhores produções escritas, pois além ser um evento de exposição do letramento, contou com recursos prosódicos que exploraram a complexidade linguística, necessária para motivar o estudante a conceber a leitura e a produção textual como atividades prazerosas.

A grande conquista do Programa que utilizou os recursos audiovisuais e prosódicos em conjunto com a leitura compartilhada, não são apenas os resultados estatisticamente significantes obtidos, mas sim a valorização dos estudantes em resposta a utilização das diversas linguagens que ampliaram o universo de trabalho em cada encontro. Neste sentido, é necessário que se remeta a reflexões sobre o quanto à escola teria a ganhar ao convidar crianças a explorarem seus sentidos, sua imaginação, aproximando a linguagem do estudante da sua vivência diária e de todas as atividades realizadas em seu cotidiano escolar.

Cada conteúdo escolar deve considerar a riqueza que o estudante carrega consigo e cabe à equipe interdisciplinar promover a reflexão necessária para reconhecer como será lapidada esta vivência, para assim promover o desenvolvimento no processo de aprendizagem. A equipe escolar deve aproximar a linguagem escolar a todas as outras e, para tal, não pode romper com as diversas linguagens do mundo.

Conclui-se, portanto, que os objetivos iniciais propostos neste estudo foram atingidos, uma vez que os dois programas de práticas de narrativas escritas conquistaram resultados positivos e todos os estudantes demonstraram interesse em acompanhar as histórias e escrever novos textos. A supremacia das narrativas produzidas pelos estudantes do grupo no qual foi investida a complexidade linguística, nos remete a refletir sobre a necessidade da escola valorizar e buscar uma multiplicidade da linguagem para atingir melhores resultados do processo educativo e na assimilação dos conteúdos.

Os resultados desta pesquisa demonstram que é possível desenvolver programas criativos e efetivos dentro do contexto escolar, estabelecendo uma parceria mais estreita entre o fonoaudiólogo e o professor, desde que se valorize o estudante, independente de suas possibilidades e limitações, principalmente respeitando a multiplicidade e diversidade de linguagens trazidas por eles.

O trabalho fonoaudiológico inserido neste contexto escolar contribuirá numa articulação dinâmica da saúde com a educação ao enfatizar a importância da linguagem na vida das pessoas, que possibilita a construção da aprendizagem e a busca de melhor qualidade de vida, formando cidadãos críticos e capazes de se comunicar efetivamente.

Referências bibliográficas

AMARAL, M. T. Alfabetização e leitura. *Revista Espaço Acadêmico*, v. 4, n. 42, 2004. Disponível: <htpp://www.espacoacademico.com.br/042/42pc amaral.htm>. Acesso em: 3 out. 2006.

AMERICAN PSYCHIATRIC ASSOCIATION. *Manual de Diagnóstico e Estatística das Perturbações Mentais*. 4. ed., 1994. Disponível em: <http: www.psicologia.com.pt/indtrumentos/dsm_cid/>. Acesso em: 16 nov. 2005.

ARAM, D.; BIRON, S. Joint storybook reading and joint writing interventions among low preschoolers: differential contributions to early literacy Early Childhood. *Research Quarterly*, v. 19, p. 588-610, 2004.

BAGNO, M.; STUBBS, M.; GAGNÉ, G. *Língua materna*: letramento, variação & ensino. São Paulo: Parábola, 2002.

BAKER, L.; SCHER, D.; MACKLER, K. Home and family influences on motivations for reading. *Educational Psychologist*, v. 32, n. 2, p. 69-82, 1997.

BAKHTIN, M. *Estética da criação verbal*. 3. ed. São Paulo: Martins Fontes, 1992.

BASTOS, L. K. *Coesão e coerência em narrativas escolares*. São Paulo: Martins Fontes, 2001.

BEDRAN, G. R. Fonoaudiologia Escolar. *Jornal do Conselho Regional de Fonoaudiologia da 6ª região*, v. 4, n. 13, p. 13-15, 2000.

BELINKY, T. *A operação do tio Onofre*. São Paulo, Ática, 1994.

BLANCHE-BENEVISTE, C. A escrita, irredutível a um código. In: FERREIRO, E. *Relações de (in)dependência entre oralidade e escrita*. Porto

Alegre: Artmed, 2003. p. 13-26.

BOTELHO, I. *A risada de Biriba*. São Paulo: Scipione, 1989.

BRAIT, B. PCNs, gêneros e ensino da língua: Fases discursivas da textualidade. In: ROJO, R. *A prática de linguagem em sala de aula: praticando os PCNs*. São Paulo: Mercado das Letras, 2000.

BRASIL, Ministério da Educação. *Parâmetros curriculares nacionais*: língua portuguesa. 2. ed. Rio de Janeiro: DP&A, 2000.

BRASIL. *Lei nº 9394*, 2. ed. de 25 de jul. 2006. Estabelece as diretrizes e bases da educação nacional. Brasília, 2006. Disponível em: <www.planalto.gov.br/CCIVEL_03/LEIS/L9394.htm>. Acesso em: 10 mar. 2007.

BUS, A. G.; VAN IJZENDOORN, M. H. Mothers Reading to Their 3-Year-Olds: The Role of Mother-Child Attachment Security in Becoming Literate. *Reading Research Quarterly*, v. 30, n. 4, p. 998-1015, 1995.

CAGLIARI, L. C. *Alfabetização e linguística*. São Paulo: Scipione, 1989.

CAPELLINI, S. A.; OLIVEIRA, K. T. Problemas de aprendizagem relacionados às alterações de linguagem. In: CIASCA, S. M. *Distúrbios de aprendizagem*: proposta de avaliação. São Paulo: Casa do Psicólogo, 2003. p. 113-140.

_____.; SALGADO, C. A. Avaliação fonoaudiológica do distúrbio específico de leitura e escrita e distúrbio de aprendizagem: critérios de diagnósticos, diagnóstico diferencial e manifestações clínicas. In: CIASCA, S. M. *Distúrbios de aprendizagem*: proposta de avaliação. São Paulo: Casa do Psicólogo, 2003. p. 141-164.

CÁRNIO, M. S.; SARUE, C. B.; PETERFI, E.; PERIOTTO, M. C. Construindo um trabalho de fonoaudiologia escolar. *Distúrbios da comu-*

nicação, v. 7, n. 1, p. 63-69, 1994.

_____.; PEREIRA M. B.; SANCHES, S. G. G.; SIMÕES, M. *Protocolo de informações sobre o letramento dirigido à família*. Elaborado para uso restrito no Estágio em Atenção Primária em Fonoaudiologia – Programa Escola do Curso de Fonoaudiologia da Faculdade de Medicina da Universidade de São Paulo, São Paulo, 2002. Não publicado.

_____.; GÓES, M. R.; CRATO, A. N.; LIMA, V. A. Estratégias utilizadas pelos pais para incentivar seus filhos em atividades que envolvem leitura e escrita. *Revista da Sociedade Brasileira de Fonoaudiologia* – Suplemento especial, p. 624, 2006. XIV Congresso Brasileiro de Fonoaudiologia apresentado em Salvador. ISSN 1807-3115.

CARR, S. *As confusões de Aninha*. São Paulo: Moderna, 1985.

CAVALHEIRO, M. T. P. Reflexões sobre a relação entre a fonoaudiologia e a educação. In: GIROTO, C. R. M. *Perspectivas atuais da Fonoaudiologia na escola*. São Paulo: Plexus, 2001. p. 11-24.

CIASCA, S. M. *Diagnóstico dos distúrbios de aprendizagem em crianças*: Análise de uma prática interdisciplinar. 1990. 108f. Dissertação (Mestrado em Psicologia) – Instituto de Psicologia, Universidade de São Paulo, São Paulo, 1990.

CIBOTO, T. *Fonoaudiologia escolar*: propostas reflexivas sobre práticas de linguagem para o ensino fundamental. 2006. 212p. Dissertação (Mestrado em Educação) – Faculdade de Educação, Universidade de São Paulo, São Paulo, 2006.

COLELLO, S. G. M. *Alfabetização em questão*. Rio de Janeiro: Paz e Terra, 2004.

DOLZ, J.; NOVERRAZ, M.; SCHENEUWLY, B. Sequências didáticas para o oral e a escrita: Apresentação de um procedimento. In: SCHNEUWLY, B.; DOLZ, J. *Gêneros orais e escritos na escola*. Tradução e organização de Roxane Rojo e Glaís Sales Cordeiro. Campinas: Mercado de Letras, 2004.(As faces da linguística aplicada), p. 95-128.

_____.; SCHNEUWLY, B. Em busca do culpado. Metalinguagem dos alunos na redação de uma narrativa de enigma. In: SCHNEUWLY, B.; DOLZ, J. *Gêneros orais e escritos na escola*. Tradução e organização de Roxane Rojo e Glaís Sales Cordeiro. Campinas: Mercado de Letras, 2004.(As faces da linguística aplicada), p. 189-214.

EDWARDS, C.; GANDINI, L.: FORMAN, G. Aspectos gerais. In: EDWARDS, C. *As cem linguagens da criança*: a abordagem de Reggio Emilia na educação de primeira infância. Tradução de Dayse Batista. Porto Alegre: Artmed, 1999. p. 21-36.

ENUMO, S. R. F.; FERRÃO, E. S.; RIBEIRO, M. P. L. Crianças com dificuldade de aprendizagem e a escola: emoções e saúde em foco. *Estudos de psicologia*. Campinas [online]. jun. 2006, v. 23, n. 2, p. 139-49. Disponível em: <http://scielo.bvs-psi.org.br/scielo.php?script=sci_arttext&pid=S0103-166X2006000200004&lng=pt&nrm=iso>. ISSN 0103-166X. Acesso em: 12 abr. 2007.

ESTETER, S. *Tipologia textual* – tipos de textos que podem ser criados. Disponível:< http://<www.casadeculturaeuclidesdacunha.org.br/>. Acesso em: 13 set. 2004.

FARIA, R. *O pensamento lógico e o pensamento verbalizado:* um estudo através da seriação e da verbalização de histórias em quadrinhos. 1984. Tese (Doutorado em Psicologia) – Instituto de Psicologia, Universidade de São Paulo, São Paulo, 1984.

FÁVERO, L. L. *Coesão e coerência textuais.* São Paulo: Ática, 1993.

_____.; KOCH, I. G.V. *Linguística textual:* introdução. São Paulo: Cortez, 1983.

_____.; ANDRADE, M. L. C. V. O.; AQUINO, Z. G. O. *Oralidade e escrita:* perspectivas para o ensino da língua materna. São Paulo: Cortez, 2003.

FREIRE, R. M. Fonoaudiologia em saúde pública. *Rev. Saúde Pública.* v. 26, n. 3, p. 179-184, 1992.

FUSARI, J. C. *O planejamento do trabalho pedagógico:* algumas indagações e tentativas de respostas. 1998. Disponível em: <www.crmariocovas.sp.gov/pdf/ideias_08_p044.03_c.pdf>. Acesso em: 23 fev. 2007.

GARCEZ, L.; SACALOSKI, M. *A psicologia e a fonoaudiologia na educação inclusiva:* algumas considerações sobre as interfaces no processo educacional. Disponível: < http: //www.educacaoonline.pro.br/a_psicologia_efonoaudiologia.asp?f_id_artigo=392> Acesso em: 15 nov. 2005.

GARCIA, R. L. Múltiplas linguagens na vida – por que não múltiplas linguagens na Escola? In: GARCIA, R. L. (org.) *Múltiplas linguagens na escola.* Rio de Janeiro: DP&A, 2000. p. 7-16.

GERALDI, J. W. Convívio paradoxal com o ensino da leitura e escrita. *Cadernos de Estudos Linguísticos,* v. 31, p. 127-144, 1997.

GILLAM, R. B.; JOHNSTON, J. R. Spoken and Written Language Relationships in Language Learning Impaired and Normally Achieving School-Age Children. *Journal of Speech and Hearing Research.* v. 35, p. 1303-1315, 1992.

GIROTO, C.R.M. O professor na atuação fonoaudiológica em escola: Participante ou mero expectador? In: _____. *Perspectivas atuais da fonoaudiologia na escola*. São Paulo: Plexus, 2001. p. 25-42.

GOLOVA, N.; ALARIO, A. J.; VIVIER, P. M.; RODRIGUEZ, M.; HIGH, P. C. Literacy Promotion for Hispanic Families in a Primary Care Setting: A Randomized, Controlled Trial. *Pediatrics*, v. 103, n. 5, p. 993-997, 1999.

GRANDIN, A. B.; ARRUDA, A. P.; GOMES, I. C. D. A criança e a escrita: o processo de ativação de ideias durante a produção do texto narrativo. *Revista do CEFAC*, v. 6, n. 1, p. 13-19, 2004.

HADLEY, P. Language Sampling Protocols for Eliciting Text-Level Discourse. *Language Speech and Hearing Services in Schools*, v. 29, p. 132-147, 1998.

HOFFMAN, P. R. Phonological Intervention within Storybook Reading. *Topics in Language Disorders*, v. 17, n. 2, p. 69-88, 1997.

IPM (Instituto Paulo Montenegro) *5º Indicador Nacional de Analfabetismo Funcional:* Um diagnóstico para a inclusão social pela educação – Avaliação de Leitura e Escrita. Disponível em: <www.ipm.org.br/download/inaf05.pdf> Acesso em: 15 nov. 2006.

INEP (Instituto Nacional de Estudos e Pesquisas Educacionais Anísio Teixeira). *Pesquisa Nacional de Qualidade na Educação, 2005.* Disponível em: <www.inep.br/download/imprensa/2005/saeb/pesquisa_nacional_qualidade_educacao.pdf>. Acesso em: 15 nov. 2006.

JANUZZI, P. M. Estratificação sócio-ocupacional para estudos de mercado e pesquisa social no Brasil. *São Paulo em Perspectiva*, v. 17 n. 3-4, 2003. Disponível em: <http:// www.scielo.br/scielo.php?script=sci_artext&pid=50102-8839003000300024&lng+pt&nrm+180>. Acesso em: 21 fev. 2005.

JUSTICE, L. M.; CHOW, S.; CAPELLINI, C.; FLANIGAN, K.; COLTON, S. Emergent Literacy Intervention for Vulnerable Preschoolers: Relative Effects of Two Approaches. *American Journal of Speech-Language Pathology*, v. 12, p. 320-332, 2003.

JUSTICE, L. M.; KADERAVEK, J. N. Embedded–Explicit Emergent Literacy Intervention I: Background and Description of Approach. *Language, Speech and Hearing Services in Schools*. v. 35, p. 201-11, 2004.

KADERAVEK, J. N.; SULZBY, E. Parent-child joint book reading: An observational protocol for young children. *American Journal of Speech-Language Pathology*, v. 7, p. 33-47, 1998.

_____. Narrative Production by Children With and Without Specific Language Impairment Oral Narratives and Emergent Readings. *Journal of Speech Language and Hearing Research*, v. 43, p. 34-49, 2000.

KATZ, L. O que podemos aprender com Reggio Emilia? In: EDWARDS, C. *As cem linguagens da criança:* a abordagem de Reggio Emilia na educação de primeira infância. Tradução de Dayse Batista. Porto Alegre: Artmed, 1999. p. 37-58.

KLEIMAN, A. *Oficina de leitura*: teoria e prática. 8. ed. Campinas: Pontes, 2001. p. 15-30.

KOCH, I.G.V. *O texto e a construção dos sentidos*. São Paulo: Contexto, 2002.

_____. *Introdução à linguística textual*. São Paulo: Martins Fontes, 2004.

KRAMER, S. Leitura e escrita como experiência – notas sobre seu papel na formação. In: ZACCUR, E. (org.) *A magia da linguagem*. 2. ed. Rio de Janeiro: DP&A, 2001. p. 101-121.

LARREULA, E.; CAPDEVILA, R. *As férias da bruxa Onilda*. São Paulo: Scipione, 1996.

MACEDO, H. O. Produção do texto no trabalho fonoaudiológico: a autoria. In: OLIVEIRA, M. H. M. A.; GARGANTINI, M. B. M. *Tópicos em leitura-escrita:* pesquisa e prática. São José dos Campos: Pulso, 2005. p. 93-109.

MACHADO, M. C. *Aventuras do grotão da mata*. São Paulo: Brasil, 1993.

MAINGUENEAU, D. *Termos-chave da análise do discurso*. Belo Horizonte: Editora da Universidade Federal de Minas Gerais, 2000.

_____. *Elementos da linguística para o texto literário*. São Paulo: Martins Fontes, 2001.

_____. *Análise de textos de comunicação*. São Paulo: Cortez, 2002.

MARCUSCHI, L. A. *Da fala para a escrita:* atividades de retextua- lização. São Paulo: Cortez, 2003.

MARTINS, M. H. Palavra e imagem: um diálogo, uma provocação. In: MARTINS, M. H. (Org.) *Questões de linguagem*. São Paulo: Contexto, 1994.

MAXWELL, D. L.; SATAKE, E. *Research and Statistical Methods in Communication Disorders*. Baltimore: Williams & Wilkins, 1997.

MENDES, J. R. *Aprender a ler versus o hábito da leitura*. Usina de letras, 2003. Disponível em: <www.usinadeletras.com.br/exibelotexto.phlm?cod=16832&cat=artigo=5>. Acesso em: 20 mar. 2007.

MILLER, J.; WEINERT, R. Língua falada, teoria linguística e aquisição de linguagem. In: FERREIRO, E. *Relações de (in)dependência entre oralidade e escrita*. Porto Alegre: Artmed, 2003. p. 71-102.

MORAIS, K. W. *Repensando o papel do fonoaudiólogo no âmbito escolar*.

Disponível em: <http: www.pedagobrasil.com.br/fonoaudiogia/repensaropapel.htm>. Acesso em: 12 nov. 2005.

MOREIRA, M. A. *Ensino e aprendizagem*. São Paulo: Moraes, 1997.

MORTATTI, M. do R. L. *Educação e letramento*. São Paulo: Unesp, 2004.

MUNIZ, F. *Rita, não grita*. São Paulo: Melhoramentos, 1995.

NORONHA, T. *As maluquices do Doutor Lelé*. São Paulo: Pioneira, 1982.

NUNES, M. *A descoberta de Miguel*. São Paulo: Ática, 2002.

NUTTI, J. Z. Distúrbios, transtornos, dificuldades e problemas de aprendizagem: algumas definições e teorias explicativas. *Revista Psicopedagogia online*, 2002. Disponível em: <http://www.psicopedagogia.com.br/download/disturbios_transtornos.doc>. Acesso em: 23 abr. 2007.

OLIVEIRA, J. B. Renda *per capita*, desigualdades de renda e educacional e participação política no Brasil. *Texto para discussão – IPEA* n. 827, 2001. ISSN 1415-4765. Disponível em: <http://www.ipea.gov.br/pub/td/td_2001/td-0827.pdf>. Acesso em: 17 mar. 2007.

PARISSE, C. Oral language, written language and language awareness. *Journal of Child Language*, v. 29, n. 2, p. 478, 2002.

PENTEADO, R.Z.; SERVILHA, E. A. M. Fonoaudiologia em saúde pública/coletiva: compreendendo prevenção e o paradigma da promoção de saúde. *Distúrbios da comunicação*, v. 16, n. 1, p. 107-16, 2004.

PERLMAN, A. *Invasão de pensamento*. São Paulo: Brasil,1985.

PERROTTA, C.M.; WEY MÄRTZ, L.; MASINI, L. *Histórias de contar e escrever*: A linguagem no cotidiano. São Paulo: Summus, 1995.

PHILLIPS, B. *Não me chame de gorducha*. São Paulo: Ática,1980.

PINTO, J. M. R.; SAMPAIO, C. E. M.; BRANT, L. N. A. O. *O mapa da alfabetização e letramento*, 2003. Disponível em: <www.inep.gov.br/

imprensa/artigos/mapa_analfabetismo.htm>. Acesso em: 20 mar. 2007.

RODARI, G. *Gramática da fantasia*. São Paulo: Summus: 1982. p. 115-118.

ROJO, R. H. R. Revisitando a produção de textos na escola. In: VAL, M. G. C.; ROCHA, G. *Reflexões sobre práticas escolares de produção de texto*: o sujeito-autor. Belo Horizonte: Autêntica, 2003. p. 185-205.

_____. *Interação em sala de aula e gêneros escolares do discurso*: um enfoque enunciativo, 2004. Disponível em: <http: www.leffa.pro.br/textos/Rojo.pdf >. Acesso em: 15 nov. 2005.

ROMANO-SOARES, S.; CÁRNIO, M. S. *Protocolo de anamnese*, 2004a. Não publicado.

_____. *Questionário para professores*, 2004b. Não publicado.

ROMERO, J. F. Os atrasos maturativos e as dificuldades de aprendizagem. In: COLL. C.; PALACIOS, J.; MARCHESI, A. *Desenvolvimento psicológico e educação:* necessidades educativas especiais e aprendizagem escolar. Porto Alegre: Artes Médicas, 1995.

ROSSINI, S. R. D.; CIASCA, S. M. Crianças que não aprendem: crianças que não leem? *Temas sobre Desenvolvimento*, v. 9, n. 49, p. 35-39, 2000.

ROTH, F. P.; BADEN, B. Investing in Emergent Literacy Intervention a Key role for Speech-Language Pathologists. *Seminary Speech Language*, v. 22, p. 163-174, 2001.

SANTOS, M. T. M., NAVAS, A. L. G. P. Aquisição e Desenvolvimento da Linguagem Escrita. In: _____. *Distúrbios de leitura e escrita*. Barueri, SP: Manole, 2002a. p. 1-26.

_____. Distúrbios de leitura e escrita. In: _____. *Distúrbios de leitura e escrita*. Barueri: Manole, 2002b. p. 27-74.

SANTOS, P. L. *Representações sobre o comportamento de leitura de crianças e adolescentes a visão das mães.* 1993. Dissertação (Mestrado em Educação) Programa de Pós-Graduação em Educação. Universidade Federal de São Carlos. São Paulo, 1993.

SCHIRMER, C. R., FONTOURA, D. R., NUNES, M. L. Distúrbios da aquisição da linguagem e da aprendizagem. *Jornal de Pediatria*, v. 80, n. 2, p. 95-103, 2004 (Suplemento).

SCOTT, C.M.; WINDSOR, J. General Language Performance Measures In Spoken and Written Narrative and Expository Discourse of School-Age Children with Language Learning Disabilities. *Journal of Speech, Language and Hearing Research*, v.43, p. 324-339, 2000.

SEMEGHINI-SIQUEIRA, I. Questions de lettrement-d´alphabétisation de littéracie indiquent de nouvelles voies pour la nécessaire refonte de la didactique de la langue maternelle au Brésil. *Anais Colooque "La Littéracie: lê role de l'école"*. Grenoble: IUFM/Université Stendhal Grenoble, 2002.

SILVA, C. C.; SILVA, N. R. *Os porquês do coração.* São Paulo: Brasil, 1995.

SILVA, N.; COLELLO, S. M. *Letramento:* do processo de exclusão social aos vícios da prática pedagógica. Disponível em: <http://www.hotopos.com/videtur20/nilce.htm>. Acesso em: 14 set. 2004.

SILVEIRA, M. I. M. Tipologia textual e estratégias de leitura. *Revista do Centro de Educação da UFAL*, v. 8, p. 1-15, 1985.

SISTO, F. F.; BORUCHOVITCH, E.; FINI, L. D. T.; BRENELLI, R. P.; MARTINELLI, S. C. *Dificuldades de aprendizagem no contexto psicopedagógico.* Petrópolis: Vozes, 2001.

SOARES, M. B. Aprender a escrever, ensinar a escrever. In: ZACCUR,

E. (Org.) *A magia da linguagem*. 2. ed. Rio de Janeiro: DP&A, 2000. p. 49-73.

_____. Letramento e escolarização. In: RIBEIRO, V. M. (Org.) *Letramento no Brasil*: reflexões a partir do INAF. São Paulo: Global, 2003. p. 89-113.

_____. *Letramento:* um tema em três gêneros. 2. ed. Belo Horizonte: Autêntica, 2004.

SOARES, R. *Franguinho Sebastião.* São Paulo: Moderna, 1992.

SPINDOLA, M. P. O poder da interpretação. *Revista do Departamento de Letras da UFRJ*, v. 3. 2001. Disponível em: <http://www.filologia.org.br/soletras/3/09.htm>. ISSN 1519-7778. Acesso em: 14 set. 2004.

TEBEROSKY, A. As "infiltrações" da escrita nos estudos psicolinguísticos. In: FERREIRO, E. *Relações de (in)dependência entre oralidade e escrita*. Porto Alegre: Artmed, 2003. p. 103-123.

TERZI, S. B. A oralidade e a construção da leitura por crianças de meios iletrados. In: KLEIMAN. A. (Org.) *Os significados do letramento*. Campinas: Mercado das Letras, 1995. p. 91-117.

THIOLLENT, M. *Metodologia da pesquisa-ação.* São Paulo: Cortez, 1996.

VIEIRO, P.; GARCÍA-MADRUGA, J. A. Na analysis of story comprehension through spoken and written summaries in school-age children. *Reading and Writing: An Indisciplinary Journal*, v. 9, p. 41-53, 1997.

VIGNA, E. *Problemas com cachorro.* São Paulo: Moderna, 2003.

YADEN, D. B.; TARDIBUONO, J. M. The Emergent Writing Development of Urban Latino Preschoolers: Developmental Perspectives and Instructional Environments for Second-Language Learners. *Reading & Writing Quarterly*, v. 20, n. 1, p. 29-61, 2004.

YOLANDA, R. Artes visuais na Escola. In: GARCIA, R. L. (Org.) *Múltiplas linguagens na escola*. Rio de Janeiro: DP&A, 2000. p. 77-90.

ZIRALDO. *O pequeno planeta perdido*. São Paulo: Melhoramentos, 1986.

ZORZI, J. L. Possibilidades de trabalho do fonoaudiólogo no âmbito escolar educacional. *Jornal do Conselho de Fonoaudiologia*. Brasília, v. 4, n. 2, p. 1417, 1999.

ANEXO A: Aprovação da Comissão de Ética para Análise de Projetos de Pesquisa (CAPPesq) da Diretoria Clínica do Hospital das Clínicas e da Faculdade de Medicina da Universidade de São Paulo

HC

DIRETORIA CLÍNICA

Comissão de Ética para Análise de Projetos de Pesquisa

APROVAÇÃO

A Comissão de Ética para Análise de Projetos de Pesquisa - CAPPesq da Diretoria Clínica do Hospital das Clínicas e da Faculdade de Medicina da Universidade de São Paulo, em sessão de 24.06.04, **APROVOU** o Protocolo de Pesquisa n° **504/04**, intitulado: "Efetividade das práticas de narrativas escritas baseadas na concepção discursiva oral e escrita em alunos do ensino fundamental" apresentado pelo Departamento de **FISIOTERAPIA, FONOAUDIOLOGIA E TERAPIA OCUPACIONAL**, inclusive o Termo de Consentimento Livre e Esclarecido.

Pesquisador(a) Responsável: **Profa. Dra. Maria Silvia Cárnio**

Pesquisador(a) Executante: **Sra. Soraia Romano-Soares**

CAPPesq, 24 de Junho de 2004.

PROF. DR. EUCLIDES AYRES DE CASTILHO
Presidente da Comissão de Ética para Análise
de Projetos de Pesquisa

OBSERVAÇÃO: *Cabe ao pesquisador elaborar e apresentar à CAPPesq, os relatórios parciais e final sobre a pesquisa (Resolução do Conselho Nacional de Saúde n° 196, de 10.10.1996, inciso IX.2, letra "c")*

ANEXO B: Termo de Consentimento Livre e Esclarecido conforme Resolução do Conselho Nacional de Saúde (196/96)

HOSPITAL DAS CLÍNICAS
DA FACULDADE DE MEDICINA DA UNIVERSIDADE DE SÃO PAULO
Caixa Postal, 8091 – São Paulo - Brasil
TERMO DE CONSENTIMENTO LIVRE E ESCLARECIDO

I - DADOS DE IDENTIFICAÇÃO DO SUJEITO DA PESQUISA OU RESPONSÁVEL LEGAL

1. NOME DO PACIENTE .:...........
DOCUMENTO DE IDENTIDADE Nº :.........................SEXO : M( ) F( )
DATA NASCIMENTO: ....../....../......
ENDEREÇO .... Nº .... APTO: ....
BAIRRO: .... CIDADE ....
CEP:.................. TELEFONE: (............)

2. RESPONSÁVEL LEGAL ....
NATUREZA (grau de parentesco, tutor, curador etc.) ....
DOCUMENTO DE IDENTIDADE :.........................SEXO: M( ) F( )
DATA NASCIMENTO.: ....../....../......
ENDEREÇO: .... Nº .... APTO: ....
BAIRRO: .... CIDADE: ....
CEP:.................. TELEFONE: (............)

II - DADOS SOBRE A PESQUISA CIENTÍFICA

1. TÍTULO DO PROTOCOLO DE PESQUISA:

Efetividade das práticas de narrativas escritas baseadas na concepção discursiva oral e escrita em alunos do Ensino Fundamental

2. PESQUISADORA

Maria Silvia Cárnio

CARGO/FUNÇÃO: Docente do Curso de Fonoaudiologia do Departamento de Fisioterapia, Fonoaudiologia e Terapia Ocupacional da FMUSP.

INSCRIÇÃO CONSELHO REGIONAL Nº: CRFa 1450 / SP

UNIDADE DO HCFMUSP: FMUSP

3. AVALIAÇÃO DO RISCO DA PESQUISA:

SEM RISCO   **X** RISCO MÍNIMO   RISCO MÉDIO   RISCO BAIXO   RISCO MAIOR

(probabilidade de que o indivíduo sofra algum dano como consequência imediata ou tardia do estudo)

4. DURAÇÃO DA PESQUISA : 24 meses

III - REGISTRO DAS EXPLICAÇÕES DO PESQUISADOR AO PACIENTE OU SEU REPRESENTANTE LEGAL SOBRE A PESQUISA, CONSIGNANDO:

Aprender a escrever textos é uma atividade difícil porque envolve a capacidade de comunicar e expressar ideias, sentimentos e experiências. Esta pesquisa tem por objetivo avaliar qual é a melhor forma de ensinar crianças a fazer redações escritas. Para isso, seu (a) filho (a) fará uma prova inicial em que será pedido para fazer um texto escrito. Depois, participará por 15 semanas de atividades para ajudar os alunos do 3º ano do Ensino Fundamental a escrever melhor. Ao terminar estas 15 semanas seu (a) filho (a) irá fazer outra prova igual a do início para verificar se houve melhora da escrita.

A pesquisa não vai acrescentar nenhum risco à saúde dos alunos.

Os dados irão possibilitar a realização de pesquisa na área de Leitura e Escrita, trazendo benefícios não somente para os alunos selecionados para a pesquisa, como também, para outros estudantes e profissionais da área que possam ter acesso aos resultados deste trabalho.

IV - ESCLARECIMENTOS DADOS PELO PESQUISADOR SOBRE GARANTIAS DO SUJEITO DA PESQUISA:

A qualquer momento estaremos à disposição para responder as suas perguntas sobre a linguagem oral e escrita de seu (sua) filho (a). Mesmo após as provas e estimulações realizadas, ou a qualquer momento, se você preferir que seus dados não sejam utilizados, sua vontade será respeitada. Como uma das pesquisadoras responsáveis pelo projeto, garanto que sua identidade não será revelada em nenhum momento.

Sua criança terá assistência e atendimento (mediante agendamento prévio) no Laboratório de Leitura e Escrita no Curso de Fonoaudiologia da Faculdade de Medicina da USP se tiver alterações específicas de linguagem escrita.

V. INFORMAÇÕES DE NOMES, ENDEREÇOS E TELEFONES DOS RESPONSÁVEIS PELO ACOMPANHAMENTO DA PESQUISA, PARA CONTATO EM CASO DE INTERCORRÊNCIAS CLÍNICAS E REAÇÕES ADVERSAS.

Profa. Dra. Maria Sílvia Cárnio – e-mail: mscarnio@usp.br

Fga. Soraia Romano Soares – e-mail: soroso@globo.com

Rua Cipotânea, 51 – Cidade Universitária – São Paulo Telefone: 3091-7455 ou 3091-7453

VI. OBSERVAÇÕES COMPLEMENTARES

VII - CONSENTIMENTO PÓS-ESCLARECIDO

Declaro que, após convenientemente esclarecido pelo pesquisador e ter entendido o que me foi explicado, consinto em participar do presente Protocolo de Pesquisa

São Paulo, _____ de _____ de 2004 .

_____
assinatura do sujeito da pesquisa ou responsável legal

ANEXO C: Questionário sobre letramento familiar

PROGRAMA ESCOLA -2004
Curso de Fonoaudiologia da FMUSP

INFORMAÇÕES SOBRE O LETRAMENTO DIRIGIDO À FAMILIA

Nome da criança:_____
Data de nascimento:_____ Idade:_____
Nome do pai: _____
Nome da mãe:_____
Informante: pai ( )   mãe ( )   outro ( ) especificar_____
Data:___/___/_____

1. Você sabe ler?
Pai: ( ) sim   ( ) não
Mãe: ( ) sim   ( ) não

2. Você já frequentou / frequenta escola?
Pai: ( ) sim   ( ) não série: _____
Mãe: ( ) sim   ( ) não   série: _____

3. Profissão:
Pai:_____
Mãe: _____

4. Você gosta de ler?_____

5. Quais destes materiais você costuma ler?
( ) revistas   ( ) livros de história   ( ) gibis
( ) jornal   ( ) Bíblia   ( ) livros escolares
( ) internet   ( ) outros (especificar)_____

6. Você gosta de escrever? ( ) sim   ( ) não
Se sim, o quê?
( ) bilhete   ( ) poesia
( ) carta   ( ) receita
( ) internet (e-mail)   ( ) diário
( ) relatórios   ( ) outros _____

7. Por que você acha que a escrita é importante?
_____
_____

8. Você incentiva seu filho a ler e escrever? ( ) sim   ( ) não
Se sim, como?_____

9. Você costuma contar histórias para seu filho? ( ) sim   ( ) não
Se sim, de que tipo?_____

Elaborado por: Cárnio, M.S.; Pereira, M.B.; Sanches. S.G.G.; Simões, M. (2002)

ANEXO D: Conteúdo programático da língua portuguesa elaborado pelas professoras da 3ª série do ensino fundamental

Conteúdos	Habilidades Competências	Atividades	Materiais	Procedimentos Avaliações
• Leitura oral pelo professor	• Expor oralmente e de forma clara suas ideias, utilizando o recurso adequado à situação	• Leitura de textos variados: informativos, letras de música e poéticos	• Gibis	A partir da observação, registro e análise das atividades desenvolvidas no dia a dia
• Leitura oral e silenciosa de textos informativos, poéticos, instrucionais e enredamento	• Identificar informações explícitas e implícitas no texto	• Dramatização de músicas e histórias ouvidas	• Recortes	
• Dramatização	• Escrever com clareza mesmo cometendo erros na grafia		• Colagens	
• Interpretação e compreensão de textos	• Identificar variados portadores de textos	• Pesquisa de músicas antigas	• Papel Craft	
• Estudo do vocabulário	• Produzir textos instrucionais, informativos, de enredamento utilizando as estruturas próprias	• Pesquisa: Olimpíadas de 2004	• Tesoura	
• Estudo da palavra		• Ilustrações	• Lápis de cor	
• Produção de texto	• Ler atribuindo sentido mesmo que apresente dificuldade / lentidão	• Produções de textos, HQ	• Lousa	
• Projeto HQ (História em quadrinhos)		• Pesquisa de diferentes tipos de balões	• Cola	
• Reescrita		• Cruzadas, caça-palavras e cartas enigmáticas	• Canetões	
• Bilhete			• Músicas	
			• Cds e fitas	

ANEXO E: Avaliação inicial do estudante 4 do grupo A (classificação regular)

nome:
Título a bruxa e um bruxo
seu incotraa uma bruxa eu ia fugi corena?   AI
eu ia intra in casa ia fecha apeta ia janela
para ela não minpehar!

S.4

ANEXO F: Avaliação final do estudante 4 do grupo A (classificação regular)

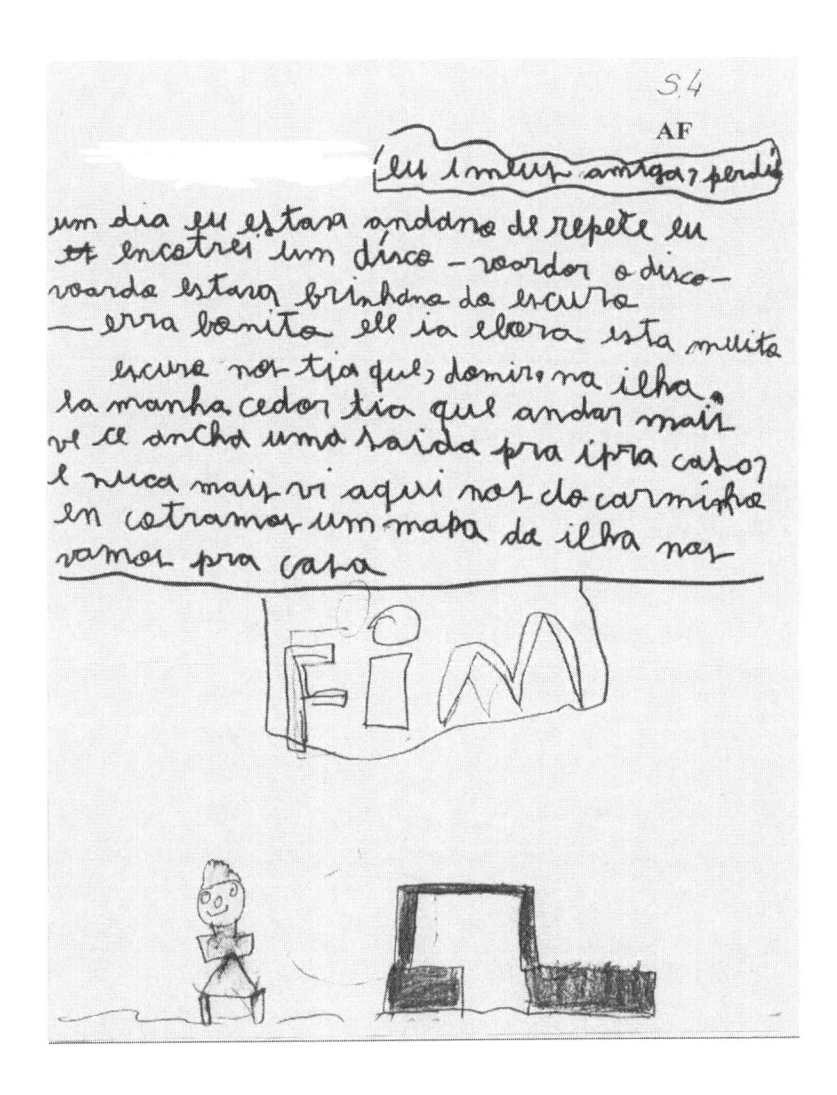

S.4

AF

Eu i meus amigas perdi um dia eu estava andando de repete eu et encotrei um disco – voador o disco voarda estava brinhana da ecuita – erra bonita ell ia elera esta muita escure não tia qul, domiri na ilha la manha cedor tia qul andar mais ve ce ancha uma saida pra ipra caso l nuca mais vi aqui nos do carminha en cotramo um mapa da ilha nos vamos pra capa

FIM

ANEXO G: Avaliação inicial do estudante 11 do grupo A (classificação médio)

título AI

E a 4 série   data 21/06/04/2004

redação.   A Bruxa do deserto

Era uma certo dia que eu fui no deserto e vi uma rissado e vi uma atropaisa voando.

E eu estranhei e fui para a minha casa, quando eu vei para a minha casa a porta tava

fechada e fui ficar na deserta e assi ouvi uma voz venho para mim ou sinão eu vou te buscar você tem até meia noite para vim suzinho eu típega e a menino teve uma ideia brilhante e espero ate f chegar meia noite e ficar dentro de um saco até a bruxa vim e a bruxo do deserta não viu a menino e fui embora.

S.11

ANEXO H: Avaliação final do estudante 11 do grupo A (classificação médio)

Título: O disco-voador

S.11
AF

. Certa vez quando fui na escursão para o Playcenter e o primeiro Brinquo que eu fui foi a montanha Russa.

. E quando eu sai do Brinquedo eu vi uma espaço-nave e o disco começou a sugar as coisas, e o disco sugol logo eu e ele foi.

. Inbora levando eu e os extratenestre para o planeta Vênus e quando eles pousaron eu levei um tombo e eu disimaiei.

. E quando eu acordei tomei um susto e corri direto para o disco e não sabia pilota o disco e comecei a alerta conquer.

. Bateu e até que ifim chegei direito ali Playcenter.

ANEXO I: Avaliação inicial do estudante 13 do grupo A (classificação ótimo)

3ª A AI

Titulo: A bruxa do deserto

Um dia, Paulo estava andando pelas Ruas de São Paulo.
Derrepente, ele se perdeu e foi parar em um deserto.
Ele foi caminhando pelo deserto com muita sede, aí ele viu a miragem de poço ele foi correndo, mas ele viu que era apenas apenas uma miragem, aí depois de algumas horas ele viu uma bruxa e não acreditou.
Depois a bruxa foi atacálo e ele saiu correndo ele viu que era uma bruxa de fogo ele água mas dessa vez era água de verdade ele tinha um balde pegou um pouco da água e jogou na bruxa ela derreteu e morreu ele voltou para casa salvo e depois ele viveu feliz para sempre

FIM

5.13

ANEXO J: Avaliação final do estudante 13 do grupo A (classificação ótimo)

S. 13

AF

O Disco voador

Numa bela noite Murillo estava em uma praça quando de repente apareceu um disco voador.

E de dentro do disco voador saiu um extraterrestre e ele falava.

O extraterrestre tinha uma missão salvar o seu amigo que estava num laboratório de Ciências e estava sendo analisado por cientistas e o extraterrest foi lá.

Chegando no laboratório os cientistas pegaram ele, mas Murillo derreteu os seguranças que quase pegaram ele depois ele pegou uma corda e amarrou os cientistas, e os extraterrestres foram embora pra sua casa em marte.

ANEXO K: Avaliação inicial do estudante 36 do grupo B (classificação regular)

Eu faria um de gepo para imba e de poi eu sai
corrido domi la domba.
E pediria socoro.

AI

S.36

Nomi:

ANEXO L: Avaliação final do estudante 36 do grupo B (classificação regular)

AF 36

outro:

O anois da florestas

Um dia eu foi para a floresta com meu amigos, de repentia nos se perdemo quado a gente olha para arvore vimos sinco olho vrmelho. Era sinco anois da foustas quele foram sima de nos a gente não pensou duas vlsus saimo corendo de le desisperedo procurondo sair da floresta, mas não encoltrava a saido da floretta, meus amigos ficaram asustado e fiquei sentado alcaumalo, mas adiantou nada. Mas fillmente saimos da florestas da anois quado a gente saia da floreta protemo um para o outro que naico mais, quado a gente saiu da florestas vimo os anois saindo numa espaso nave.

Fim

ANEXO M: Avaliação inicial do estudante 32 do grupo B (classificação médio)

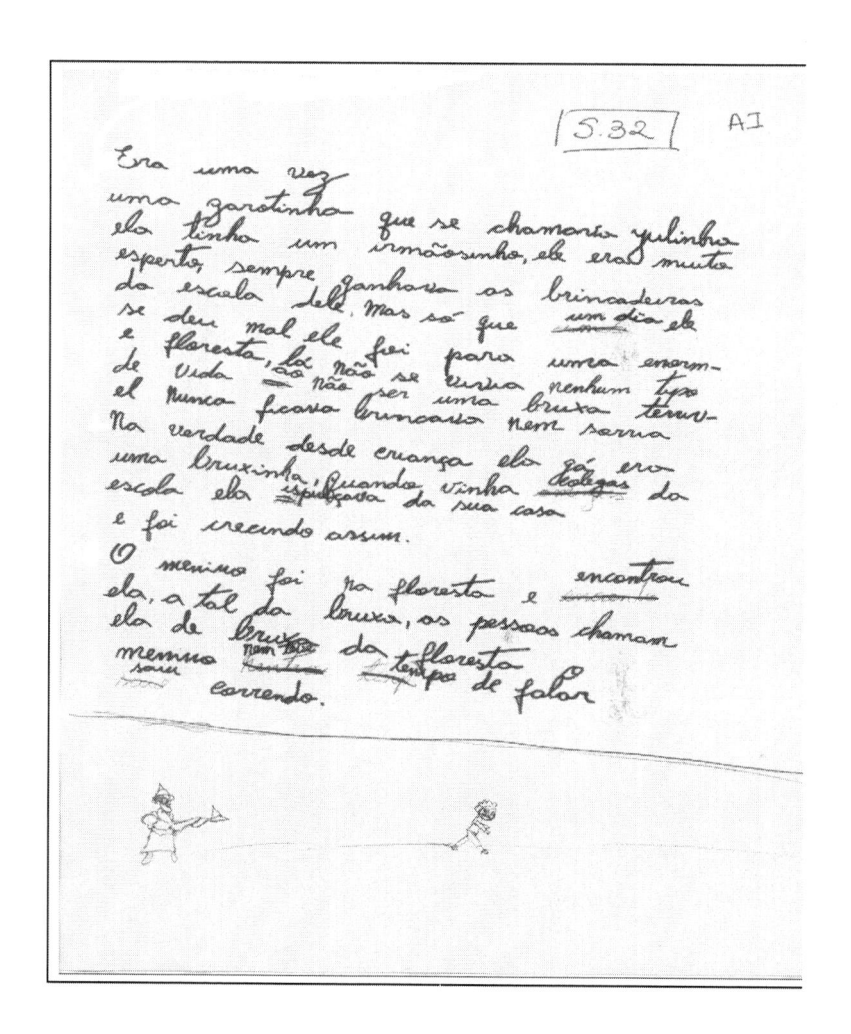

> S.32   AI
>
> Era uma vez uma garotinha que se chamava Julinha ela tinha um irmãosinho, ele era muito esperto, sempre ganhava as brincadeiras da escola dele, Mas só que um dia ele se deu mal ele foi para uma enorme floresta, lá não se usava nenhum tipo de vida — não ser uma bruxa terrível nunca ficava brincando nem servia. Na verdade desde criança ela já era uma bruxinha, quando vinha colegas da escola ela espulsava da sua casa e foi crescendo assim.
>
> O menino foi na floresta e encontrou ela, a tal da bruxa, as pessoas chamam ela de bruxa da floresta nem tempo de falar menino saiu correndo.

ANEXO N: Avaliação final do estudante 32 do grupo B (classificação médio)

AF 32

O engano na floresta

Minha mãe falou para ir a casa da minha avó levar um bolo de aniversário. Fui bem cedo, para não voltar muito tarde.
Nós morava-mos numa casa, na floresta, e por isso fui por uma estradinha que tinha lá. Eu conhecia muito bem o caminho e por isso ela disse para ir.
Quando estava no meio do caminho encontrei outras estradas, ligadas com a que eu estava indo.
— É agora, pela qual vou? Já sei vou pela a esquerda, disseram que a esquerda da sorte.
Comecei a caminhar, só que eu não estava indo para a casa do meu avô, estava dando voltas pelo o mesmo caminho. Depois de muito tempo dando voltas pelo mesmo caminho resolvi parar e descansar num tronco de árvore, e acabei cochilando. Acordei, mas já estava de noite. Fiquei com muito medo, mas com muito medo mesmo.
De repente ouvi um barulho. Essa não, era um disco voador não identificado e comecei a correr de medo. Quando correu, ouvi:
— Espere, espere!
Olhei para trás e tomei um susto. Era um alien.
— Fique longe de mim — Disse assustado.
— Não, você está enganado isso não é um disco voador, é um brinquedo, e eu não sou um alienígena, essa é uma fantasia — falou ele tirando seu capacete.
— Vovô, é você mesmo!
— Claro que sim — respondeu ele — Agora vamos para minha casa.
— Ah é, vovô tenho um bolo para o senhor que minha mãe mandou.
E lá foram eles.

Fim

ANEXO O: Avaliação inicial da estudante 49 do grupo B (classificação ótimo) – Folha 1

nome:
data: 18 de junho de 2004   [S49]   A I
Título: Se eu encontrar uma bruxa

Num dia na escola de arqueologia meu professor disse que eu ia ao deserto procurar pedras preciosas.
E eu não podia recusar então lá fui eu. Já do deserto eu já imaginava encontrar euro ou melhor um tesouro enterrado. Mas eu não encontrei nada disso eu encontrei uma coisa muito pior uma bruxa e quando dei de cara com a bruxa eu pensava que já era meu fim. Mas lembrei de uma coisa que as bruxas têm uma fraqueza mas qual fraqueza?
Então não perguntei a bruxa sou correndo e parei atrás de uma pedra eu ficava olhando a tal bruxa quanto mais ela se afastava eu ia junto indo de pedra em pedra até que a bruxa entrou numa cabana abandonada muito fedorenta e suja.
Então quando ela entrou sai de trás da pedra e olhei pela janela e falei:
— Há! então essa é a casa da bruxa né.
E eu entrei lá e vi a bruxa dormindo alias roncando.
E procurei pista e me perguntei mas eu não sou Scoob Doo então resolvi procurar na casa dela alguma coisa de valioso e encontrei um vaso de ouro.
E sai correndo até chegar no carro e ir até o museu de arqueologia e achava que iria tirar um 10 bem grandam.
Mas quando cheguei ao museu ele estava fechado e eu falei Que má sorte!! Então já ai que eu percebi que era o vaso então fui correndo para o deserto devolver o vaso quando cheguei lá adivinha, quando fui abrir a porta foi a bruxa que abriu eu tinha que devolver soltei na mão dela e sai correndo.
E quando cheguei a escola disse a todo mundo:
Eu vou sair da escola porque não aguento mais aventura chega vou me demitir.

fIM

ANEXO O: Avaliação inicial da estudante 49 do grupo B (classificação ótimo) – Folha 2

ANEXO P: Avaliação final da estudante 49 do grupo B (classificação ótimo) – Folha 1

AF 49

Disco voador

Um dia Alessandra, Mariana, Saleska e Amanda ganharam um convite para ir a floresta.
Mas lá diziam que lá já viam um disco voador.
Chegou o dia, do passeio, o ônibus estava lá bem cedinho, as 7:00 hs da manhã o ônibus ja estava saindo para a grande aventura.
Alessandra pressentiu que alguma coisa ia acontecer,
Mariana foi a primeira a sair do ônibus, e foi correndo para um pé de goiaba, Amanda e Saleska foram pegar lenha para a fogueira e a Alessandra ficou encarregada de arrumar as barracas.
Saleska e Amanda estavam pegando lenha quando de repente viram um disco voador, e foram correndo avisar para Mariana e a Alessandra mas não deu tempo e os marcianos desceram do disco e pegaram elas para as suas experiências.
— Mariana, você viu a Amanda e a Saleska?
— Não vi, por que?
— Faz ½ hora que elas não aparecem. Apanhar lenha não demora tanto assim.
— Vai ver que elas não acharam.
No disco voador:
— Quem é você? — disse Amanda
— Eu sou o Embuscador Marciano.
— Quero fazer experiencias — Marciano
— Com quem?
— Com seu corpo, suas artérias, seus corações e principalmente seu cérebro.

ANEXO P: Avaliação final da estudante 49 do grupo B (classificação ótimo) – Folha 2

na terra:
— Mariana vamos procura-las?
— não elas estão lem
— não, vamos procura-los sim, leve algumas goiabas e vamos.
E começou a procura.
— Aleshaaaaaaa! Amandaaaaa!
Até que viram um disco voador.
A porta dessa nave abriu de repente e curiosas entraram naquela gigante nave espacial.
Elas entraram e a porta se fechou rapidamente
{Rum rum m}
— AH! parece casa de fantasma.
Andaram um pouco mais e encontraram um relógio que estava contando os segundos e as suas amigas estavam Ali embaixo e só faltavam 30 segundos e Alessandra e Mariana soltaram as suas amigas e saíram dela mais a porta esta fechada Falcoka acidentalmente no botaõn que fez abrir a porta e sairam 3 segundos antes
E a nave foi embora da terra.
AH! Alessandra nunca mais vou numa floresta

APÊNDICE A: Anamnese

Universidade de São Paulo
Curso de Fonoaudiologia da Faculdade de Medicina
Laboratório de Investigações em Leitura e Escrita

ENTREVISTA COM OS PAIS - Anamnese

Data da entrevista: _____/_____/_____
Informante:_____

IDENTIFICAÇÃO

Nome:_____
Data de Nascimento: _____/_____/_____ Idade: _____ Natural de :_____
Endereço:
_____

Bairro: _____ Cidade: _____ CEP _____ Tel:_____
Mãe: _____ Idade: _____ Profissão: _____ Escolaridade_____
Nome do pai:_____ _____ Idade: _____ Profissão: _____ Escolaridade:_____
Número de irmãos: _____ (anotar nome, idade, escolaridade e comprometimentos de fala, audição e linguagem).
Quantas pessoas residem na casa? _____ Renda Familiar:_____

QUEIXA_____

Na escola?
Faz ou fez avaliações e/ou terapias fonoaudiológicas e/ou atendimentos pedagógicos (duração)?

HISTÓRICO

Antecedentes familiares:_____

Gestação
Pré-natal: _____
Tempo de gestação: _____ semanas (aproximadamente) Tipo de parto: ___Peso:
Intercorrências perinatal:_____

Alimentação
Aleitamento exclusivo: S ( ) N ( ) Até quando _____ meses
Introdução da mamadeira: _____ meses. Até quando?___ ___ Chupeta: _____ Dedo:____
Atualmente: Come bem S ( ) N ( ) / Mastiga bem S ( ) N ( ) / Rejeita sólidos

Motor

Sustentar cabeça:_____ meses   Sentar sem apoio:_____ meses
Engatinhar:_____ meses   Andar:_____ meses
Controle de esfíncteres _____ diurno / _____ noturno

Linguagem

Balbucio_____ Falar as 1ª palavras:_____
Compreensão:_____
Falar frases:_____ Sempre foi bem entendido ?_____
Gagueira:_____

Saúde

( ) Meningite   ( ) Sarampo   ( ) Caxumba   ( ) Desidratação
( ) Alergias   ( ) Convulsões   ( ) Epilepsia   ( )_____

Problemas das vias aéreas:

( ) Otite   ( ) Sinusite   ( ) Amigdalite   ( ) Pneumonia
( ) Bronquite   ( )_____

Aspecto social
Aspecto comportamental

Aspecto educacional

1. Quais escolas o aluno frequentou antes? Por quanto tempo? Tem história de repetência?
_____
2. O aluno gosta da escola? Faz as tarefas? Espontaneamente ou precisa de ajuda?
_____

1. Quando a criança precisa de ajuda, quem auxilia? Se não, como é resolvida a questão?
_____
2. Quais as dificuldades encontradas?_____
3. O aluno frequenta "aulas de reforço" ( ) sim   ( ) não
4. O aluno lê? ( ) sim   ( ) não   Tem dificuldade? ( ) sim   ( ) não Quais?
5. O aluno escreve? ( ) sim   ( ) não Tem dificuldade? ( ) sim   ( ) não
   Quais?_____
6. Tem materiais de leitura em casa?
7. Quais?_____
8. Gosta de ler? ( ) sim   ( ) não   Se sim, quando e como
   faz_____

Elaborado por CÁRNIO, M.S; ROMANO-SOARES, S. (2004)

_____
Assinatura do entrevistado (pai, mãe ou responsável)

APÊNDICE B: Questionário para professores

Laboratório de Leitura e Escrita do Curso de Fonoaudiologia da FMUSP
Responsável: Dra. Maria Silvia Cárnio
Questionário para professores

Nome:_____
Série em que leciona:_____ Período:_____ Tempo de magistério: _____
Escola:_____
Endereço:_____
Tipo: ( ) particular ( ) pública estadual ( ) pública municipal

1. Como é trabalhada a linguagem oral?

2. Existem alunos que demonstram dificuldades de linguagem oral? Quantos? Como eles são trabalhados?

3. Quanto à leitura. Como é trabalhada? Quais são as dinâmicas utilizadas no trabalho individual e no trabalho em grupo?

Existem alunos que demonstram dificuldades de leitura? E escrita? Quantos? Como eles são trabalhados?

4. Com relação à escrita, quais são os problemas de maior ocorrência?
( ) ortografia ( ) troca de letras ( ) omissão de letras
( ) escrita espelhada ( ) junção de palavras

6. Segue um livro didático especial? ( ) sim ( ) não
Qual?_____
Como?_____

5. Os alunos escrevem textos? Como esta atividade é solicitada?

Existem alunos que demonstram dificuldades? Quantos? Como eles são trabalhados?

8. Utiliza livros de literatura? ( ) sempre ( ) nunca ( ) às vezes
Se sim, de que forma?
( ) conta história ( ) oferece para o aluno folhear ( ) dramatização ( ) outra
Especifique:_____

9. Em relação ao recebimento de instruções a classe se sai melhor quando estas são dadas:
( ) de forma oral ( ) de forma visual ( ) indiferente

10. Foram utilizadas as histórias contadas ou lidas, para outros momentos de aprendizagem, durante este semestre?

11. Como foi o desempenho?

12. Quais os progressos notados nos alunos, em outros momentos de escrita que foram influenciados pelas histórias?

Questionário adaptado de Cárnio, M.S., 2002. por Soraia Romano-Soares, 2004

APÊNDICE C: Informações sobre escolaridade, profissão dos pais e renda per capita familiar – grupo A (manhã)

S	Pai			Mãe			Renda per capita (R$)
	Idade	Profissão	Escolaridade	Idade	Profissão	Escolaridade	
1	42	Motorista	Ens Fund Completo	35	do lar	Ens Md Incompleto	325
2	29	Desempregado	Ens Fund Incompleto	28	ajudante de cozinha	Ens Fund Incompleto	100
3	35	ajudante geral	Ens Fund Incompleto	35	ajudante geral	Ens Fund Incompleto	140
4	34	vendedor ambulante	Ens Fund Incompleto	32	empregada doméstica	Ens Fund Completo	225
5			Sem informação		empregada doméstica	Ens Fund Incompleto	100
6	44	Chefe de seção	Ens Md Completo	42	secretária	Ens Md Incompleto	300
7	37	Zelador	Ens Sup Incompleto	39	empregada doméstica	Ens Fund Incompleto	325
8	39	Advogado	Ens Sup Completo	38	cabeleireira	Ens Md Completo	400
9	32	Motorista	Ens Md Completo	32	do lar	Ens Fund Incompleto	300
10			Sem informação		vendedora	Ens Md Completo	500
11	37	Motorista	Ens Md Completo	53	esteticista	Ens Md Completo	500
12		Falecido	Sem informação		desempregada	Ens Md Completo	225
13	37	Caixa	Ens Fund Incompleto	39	manicura	Ens Fund Incompleto	300
14	53	Comerciante	Ens Fund Completo	55	instrumentadora cirúrgica	Ens Md Completo	834
15	43	autônomo (transporte)	Ens Sup Incompleto	40	oficial administrativa	Ens Sup Incompleto	700
16	44	Padeiro	Ens Fund Incompleto	36	empregada doméstica	Ens Fund Completo	167
17	43	sargento da PM	Ens Md Completo	44	empregada doméstica	Ens Fund Incompleto	390
18	33	ajudante geral	Ens Fund Incompleto	36	empregada doméstica	Ens Fund Incompleto	320
19	41	motorista	Ens Fund Incompleto	46	cozinheira	Ens Fund Incompleto	675
20			Sem informação		empregada doméstica	Ens Fund Incompleto	200
21	38	motorista	Ens Md Incompleto	36	pajem	Ens Fund Incompleto	180
22	33	administrador de empresas	Ens Sup Completo	30	vendedora	Ens Sup Completo	750
23	26	ajudante geral	Ens Fund Incompleto	34	ajudante geral	Sem informação	
24	42	mecânico	Ens Fund Completo	38	vendedora	Ens Md Incompleto	500
25			Sem informação		empregada doméstica	Sem escolaridade	84
26	43	eletricista	Ens Fund Incompleto	39	empregada doméstica	Ens Fund Incompleto	133
27	36	copeiro	Ens Fund Incompleto	34	empregada doméstica	Ens Fund Incompleto	175
28			Sem informação		vendedora	Ens Fund Incompleto	225
29	37	zelador	Ens Fund Incompleto	37	diarista	Ens Fund Incompleto	250
30	40	Ajudante de motorista	Ens Fund Incompleto	51	cozinheira	Ens Fund Incompleto	214

APÊNDICE D: Informações sobre escolaridade, profissão dos pais e renda per capita familiar – grupo B (tarde)

S	Pai			Mãe			Renda per capita (R$)
	Idade	Profissão	Escolaridade	Idade	Profissão	Escolaridade	
31		falecido	Sem informação	38	Pesquisadora	Ens Fund Completo	200
32			Sem informação	32	Diarista	Ens Fund Incompleto	250
33	42	Zelador	Ens Fund Completo	42	Do lar	Ens Fund Completo	140
34	39	Segurança	Ens Fund Completo	38	Secretária	Ens Md Completo	567
35	40	Operador de audio	Ens Md Completo	29	Vendedora	Ens Md Completo	667
36	35	Zelador	Ens Fund Incompleto	32	Empregada doméstica	Ens Fund Incompleto	300
37	32	Motorista	Ens Md Completo	30	Vendedora	Ens Md Completo	467
38	37	Zelador	Ens Md Completo	30	Do lar	Ens Fund Incompleto	134
39	50	Comerciante	Ens Md Incompleto	48	Caixa	Ens Md Incompleto	1167
40			Sem informação	50	Babá	Ens Fund Incompleto	200
41	35	Vendedor	Ens Fund Completo	34	Manicura	Ens Fund Incompleto	240
42			Sem informação	33	Empregada doméstica	Ens Fund Incompleto	200
43	46	Motorista	Ens Fund Completo	46	Telefonista	Ens Fund Completo	267
44		falecido	Sem informação	37	Vendedora	Ens Fund Incompleto	130
45	33	Zelador	Ens Fund Incompleto	27	Diarista	Ens Fund Incompleto	250
46	51	Comerciante	Ens Fund Completo	46	Comerciante	Ens Md Incompleto	1250
47	35	Cozinheiro	Ens Fund Incompleto	39	Empregada doméstica	Ens Fund Incompleto	334
48	46		Sem informação	43	Cozinheira	Ens Fund Incompleto	134
49	48	Técnico desportivo	Pós-graduação	40	Técnica desportiva	Pós-graduação	1000
50	?	Segurança	Sem informação	42	Empregada doméstica	Ens Fund Incompleto	200
51	35	Zelador	Ens Md Completo	26	Vendedora	Ens Md Completo	234
52	37	Zelador e chapeiro	Ens Fund Incompleto	29	Auxiliar de serviços gerais	Ens Fund Incompleto	300
53	33	Técnico de Informática	Ens Md Completo	40	Vendedora	Ens Md Completo	400
54	31	Jardineiro	Ens Fund Incompleto	31	Empregada doméstica	Ens Fund Incompleto	334
55	39	Motoboy	Ens Fund Incompleto	31	Vendedora	Ens Fund Incompleto	300
56	36	Vendedor ambulante	Ens Fund Incompleto	32	Vendedora	Ens Fund Completo	250
57	52	Jardineiro (desempregado)	Ens Fund Incompleto	45	Caseira	Ens Fund Incompleto	70
58	35		Ens Fund Incompleto	33	Babá	Ens Fund Incompleto	167
59	?	Pedreiro	Sem informação	30	Empregada doméstica	Sem escolaridade	250
60			Sem informação	28	Do lar	Ens Fund Completo	200

APÊNDICE E: Informações sobre letramento familiar – grupo A (manhã)

S	Informante	Gosta de ler	Costuma Ler	Costuma escrever	Incentiva a leitura	Conta ou lê histórias	Tipo de histórias
1	Mãe	Sim	revistas, jornal, livros de história	receitas, músicas	Sim	Sim	infantis e da família
2	Mãe	Sim	revistas, jornal	Não	Sim	Não	
3	Mãe	Não	Não	carta, diário	Não	Não	
4	Mãe	Não	revistas, jornal, livros de história	Carta	Sim	Sim	Histórias
5	Mãe	Não	Revistas	Não	não	Não	
6	Mãe	Sim	revistas, jornal, livros de história, Internet	Poesia	sim	Sim	Histórias
7	Mãe	Sim	Bíblia	Não	sim	Não	
8	Mãe	Sim	livros de história, Bíblia, Biografia do Brasil	Não	sim	Não	
9	Mãe	Sim	revistas, jornal, Bíblia	carta, e-mail	sim	Não	
10	Mãe	Sim	revistas, jornal, Bíblia, livros religiosos	Relatórios	sim	Não	
11	Mãe	Sim	revistas, livros de história	Não	sim	Não	
12	Mãe	Não	Não	Não	sim	Sim	Infantis
13	Mãe	Sim	Bíblia	Relatórios	sim	Não	
14	Mãe	Sim	livros de história	Não	sim	Sim	Infantis
15	Mãe	Sim	revistas, jornal, livros de histórias, Bíblia	relatórios, receitas	sim	Sim	Infantis
16	Mãe	Sim	revistas, jornal	Não	sim	Sim	Infantis
17	Mãe	sim	revistas, jornal, livros de história	carta, poesia	sim	Não	
18	Mãe	sim	Revistas	Carta	sim	Sim	Histórias
19	Mãe	sim	revistas, jornal, livros de histórias, Bíblia	bilhete, carta, receita	sim	Sim	infantis e da família
20	Irmã	sim	livros de história	Não	sim	Não	
21	Mãe	não	Não	Não	não	Sim	Infantis
22	Pai	sim	revistas, jornal, internet, livros técnicos	Não	sim	Sim	Infantis
23	Mãe	não	Não	Não	sim	Não	
24	Mãe	sim	jornal, Bíblia	Não	sim	Não	
25	Mãe	não	Não	Não	sim	Não	
26	Mãe	sim	revistas, jornal, livros de história, Bíblia	Não	sim	Sim	infantis e fábulas
27	Mãe	sim	livros escolares, revistas	Carta	sim	Sim	Gibis
28	Tia	sim	livros de histórias	Não	não	Não	
29	Mãe	sim	revistas, jornais, gibis	carta, receita, diário	sim	Não	
30	Mãe	não	Não	Receitas	sim	Sim	Infantis

APÊNDICE F: Informações sobre letramento familiar – grupo B (tarde)

S	Informante	Gosta de ler	Costuma Ler	Costuma escrever	Incentiva a leitura	Conta ou lê histórias	Tipo de histórias
31	Mãe	sim	Revistas	receitas	sim	Sim	Livros
32	Mãe	sim	revistas, livros	não	sim	Sim	Livros
33	Mãe	sim	revistas, jornal, Bíblia	receitas	sim	Não	
34	Mãe	sim	revistas, jornal, livros	carta, relatórios, diário	sim	Não	
35	Mãe	sim	revistas, livros	não	sim	Sim	livros
36	Mãe	sim	revistas, jornal, livros, Bíblia	bilhete, cartas, receitas, diário, tarefas escolares	sim	Sim	livros
37	Mãe	sim	revistas, jornal, Internet	relatórios	sim	Sim	livros
38	Mãe	não	Não	não	sim	Sim	livros
39	Mãe	não	Não	não	sim	Não	ouve CDs de livros
40	Mãe	não	Não	bilhete, recados	sim	Não	
41	Mãe	sim	revistas, livros	receita, tarefas escolares	sim	Sim	livros
42	Mãe	não	Revistas	cartas, receitas	não	Sim	gibis
43	Mãe	não	Não	cartas	sim	Sim	histórias infantis
44	Mãe	não	Não	especificação de mercadorias	sim	Sim	gibis
45	Mãe	sim	Revistas	não	sim	Não	
46	Mãe	não	Revistas	receitas	sim	Não	
47	Mãe	não	Bíblia	não	sim	Sim	livros
48	Mãe	sim	revistas, Bíblia	cartas, receitas	sim	Não	
49	Pai	sim	revistas, jornal, livros	internet, relatórios	sim	Sim	livros
50	Mãe	sim	Revistas	Receitas	sim	Sim	fábulas
51	Mãe	sim	revistas, jornal, Bíblia	Receitas, textos	sim	Sim	gibis, histórias, contos
52	Pai	não	Não	Não	sim	Sim	histórias de quando era criança
53	Mãe	sim	revistas, livros, internet, Bíblia	Internet	sim	Sim	livros e histórias evangélicas
54	Mãe	sim	Revistas	Carta	sim	Não	
55	Mãe	sim	Livros	trabalhos	sim	Sim	histórias infantis
56	Padrasto	sim	Livros	Não	sim	Não	
57	Mãe	não	Bíblia	Não	não	Não	
58	Mãe	sim	Bíblia	relatórios da Igreja	não	Não	
59	Mãe	não	revistas (folhear, pois não sabe ler)	Não	sim	Sim	contos de fadas
60	Mãe	sim	revistas, jornal, livros	carta, poesia, receitas	sim	Sim	livros infantis

APÊNDICE G: Pontuação na avaliação inicial – grupo A (manhã)

S	Genérica		Enciclopédica			Linguística									Total de pontos	
	Classif	Uso do gênero	Con	Fid	Tít	Nar	Temp e Esp	T. ver	Org seq	M sub.	Marc diál	Par	Exten	Pont		
1	exp. / narr	1	1	1	2	1	0	1	1	0	0	0	0	0	8	30,76
2	narração	2	1	1	2	2	2	2	2	2	1	0	0	0	17	65,38
3	narração	1	1	1	0	1	1	2	1	1	0	1	2	0	12	46,15
4	exposição	0	0	1	1	0	0	1	0	0	0	0	0	0	3	11,54
5	narração	0	1	1	0	1	1	1	1	1	0	0	0	0	7	26,92
6	narração	0	1	1	2	1	1	2	0	1	0	1	1	0	11	42,31
7	narração	0	0	1	1	1	0	2	0	0	0	0	0	0	5	19,23
8	narração	1	1	1	2	1	0	2	0	1	0	0	0	0	9	34,62
9	narração	1	1	2	2	2	2	2	2	1	2	1	2	2	22	84,62
10	narração	0	1	1	1	1	1	2	0	0	0	1	1	1	10	38,46
11	narração	1	1	2	2	0	1	2	0	1	1	1	1	1	14	53,85
12	narração	0	1	1	1	1	0	1	0	0	0	1	1	0	7	26,92
13	narração	1	1	2	2	2	1	2	1	0	0	2	1	1	16	61,54
14	narração	0	1	1	2	1	2	0	0	0	1	1	1	1	11	42,31
15	narração	1	2	1	2	2	2	2	1	0	0	0	0	0	13	50
16	narração	0	0	1	1	0	1	2	0	1	0	1	2	0	9	34,62
17	narração	1	1	1	2	2	1	2	1	1	2	2	2	1	19	73,08
18	narração	0	0	0	0	0	0	2	0	0	0	0	0	0	2	7,69
19	narração	2	1	2	2	2	1	2	2	0	0	1	1	1	17	65,38
20	narração	2	1	2	2	2	1	2	1	0	0	0	1	1	15	57,69
21	narração	0	0	1	2	1	0	1	0	0	1	0	1	0	7	26,92
22	narração	2	0	2	2	2	1	2	2	0	0	0	0	0	13	50
23	narração	1	1	2	2	2	0	2	1	0	0	1	1	1	14	53,85
24	narração	1	0	1	1	1	1	1	1	1	1	0	0	1	10	38,46
25	narração	1	0	1	2	2	0	2	0	0	1	0	0	1	10	38,46
26	narração	1	0	0	1	1	0	1	0	0	1	1	0	1	7	26,92
27	narração	1	0	0	1	2	1	2	1	0	1	0	1	0	10	38,46
28	narração	1	0	1	1	0	0	0	0	1	1	1	1	1	7	26,92
29	narração	1	1	0	2	0	1	1	1	1	1	1	2	0	12	46,15
30	narração	0	0	0	1	2	0	2	0	0	0	0	0	0	5	19,23

APÊNDICE H: Pontuação na avaliação inicial – grupo B (tarde)

S	Genérica		Enciclopédica			Linguística									Total de pontos	
	Classif	Uso do gênero	Con	Fid	Tít	Nar	Temp e Esp	T. ver	Org seq	M sub.	Marc diál	Par	Exten	Pont		
31	narração	2	1	2	2	2	1	2	2	0	1	1	1	0	17	65,38
32	narração	1	0	1	0	2	0	2	1	0	0	1	1	0	9	34,62
33	narração	2	1	1	1	2	1	2	2	0	1	0	0	0	13	50
34	narração	1	1	0	2	2	0	2	1	0	0	0	1	0	10	38,46
35	narração	0	0	0	1	2	0	0	0	0	0	0	0	0	3	11,54
36	exposição	0	0	1	0	1	0	1	0	0	0	0	0	0	3	11,54
37	narração	2	0	1	0	1	1	2	1	0	1	1	1	1	12	46,15
38	exposição	1	0	0	0	2	0	1	0	0	0	0	0	0	4	15,38
39	exp. / narr	0	0	0	0	1	0	0	0	0	0	1	1	0	3	11,54
40	narração	2	1	1	1	0	1	2	2	0	1	1	1	0	13	50
41	narração	1	1	1	2	1	1	2	0	0	0	1	1	0	11	42,31
42	narração	1	1	1	1	1	1	1	1	0	0	0	0	0	8	30,76
43	exp. / narr	0	1	2	1	1	0	2	1	0	1	1	1	1	12	46,15
44	narração	1	1	1	2	1	0	1	0	0	1	0	0	0	8	30,76
45	narração	2	1	1	2	2	1	2	0	1	1	0	0	0	13	50
46	narração	1	1	1	1	2	1	2	1	0	0	0	0	0	10	38,46
47	exp. / narr	1	0	0	0	0	1	1	0	1	0	1	2	0	7	26,92
48	exposição	0	0	0	0	0	0	1	0	0	0	0	0	0	1	3,85
49	narração	2	2	2	1	2	1	2	2	0	1	1	2	2	20	76,92
50	narração	1	0	1	1	1	0	1	1	0	1	0	0	0	7	26,92
51	exp. / narr	1	0	1	1	1	0	1	0	0	0	0	0	0	5	19,23
52	narração	2	1	1	2	2	1	2	2	0	1	2	2	2	20	76,92
53	narração	1	1	1	2	1	1	1	1	1	1	1	0	2	14	53,85
54	descrição	1	0	0	0	2	1	1	1	0	1	0	0	0	7	26,92
55	exposição	0	0	0	0	1	0	1	0	1	1	0	0	0	4	15,38
56	narração	2	1	1	2	2	0	2	1	0	1	0	1	1	14	53,85
57	narração	1	0	1	2	2	1	2	1	0	0	0	0	1	11	42,31
58	narração	0	0	1	1	2	0	1	0	0	0	0	0	0	5	19,23
59	narração	1	1	2	2	1	2	1	0	0	1	1	1	1	15	57,69
60	narração	0	0	1	1	2	0	2	0	0	0	0	0	0	6	23,08

APÊNDICE I: Pontuação na avaliação final – grupo A (manhã)

S	Genérica		Enciclopédica			Linguística								Total de pontos	
	Classif	Uso do gênero	Con	Fid	Tít	Nar	Temp e Esp	T. ver	Org seq	M sub.	Marc diál	Par	Exten	Pont	
1	narração	1	2	1	2	2	1	2	1	0	0	0	0	0	12	46,15
2	narração	1	1	1	2	0	0	1	1	0	1	0	0	1	9	34,62
3	narração	1	1	2	2	2	1	1	1	0	1	1	1	1	15	57,69
4	narração	1	1	1	1	0	1	1	1	1	0	0	0	0	8	30,76
5	narração	1	1	2	2	2	1	2	1	0	0	0	0	0	12	46,15
6	narração	1	1	2	2	2	1	2	1	2	0	0	0	0	14	53,85
7	narração	1	2	2	2	2	1	2	1	0	0	0	0	0	13	50
8	narração	1	1	2	2	2	0	2	1	0	0	1	1	0	13	50
9	narração	1	1	2	2	2	1	2	1	0	1	2	2	2	19	73,08
10	narração	1	2	2	2	2	1	1	1	0	1	1	1	1	16	61,54
11	narração	2	2	2	2	2	1	2	1	0	0	1	1	1	17	65,38
12	narração	1	0	2	2	1	0	2	0	0	0	0	0	0	8	30,76
13	narração	2	2	2	2	2	2	2	2	0	0	1	1	1	19	73,08
14	narração	1	1	1	2	2	0	2	1	0	0	0	0	0	10	38,46
15	narração	2	2	1	2	2	2	2	1	2	1	1	2	1	21	80,77
16	narração	2	2	2	1	2	1	2	1	1	2	2	2	2	22	84,62
17	narração	2	2	2	1	2	1	2	1	0	0	1	1	1	16	61,54
18	narração	1	1	2	0	2	0	2	1	0	0	0	0	0	9	34,62
19	narração	2	2	2	2	2	1	2	2	1	2	1	2	2	23	88,46
20	narração	2	2	2	2	2	1	2	2	0	1	0	0	1	17	65,38
21	narração	1	1	1	1	0	0	2	0	0	1	0	1	0	8	30,76
22	narração	1	1	1	2	2	0	2	1	0	0	0	0	0	10	38,46
23	narração	2	2	2	2	2	2	2	1	0	1	1	1	1	19	73,08
24	narração	1	1	1	2	2	0	2	1	0	0	0	0	1	11	42,31
25	narração	2	2	2	2	2	1	2	2	0	2	2	2	2	23	88,46
26	narração	2	1	2	2	2	0	2	1	0	1	0	0	1	14	53,85
27	narração	1	1	0	2	2	0	0	1	0	0	1	1	0	9	34,62
28	narração	1	1	1	2	2	0	1	1	0	0	0	1	0	10	38,46
29	narração	1	1	1	2	2	0	1	1	0	0	1	0	0	10	38,46
30	narração	1	0	2	1	1	0	1	0	0	1	0	0	0	7	26,92

APÊNDICE J: Pontuação na avaliação final – grupo B (tarde)

S	Genérica		Enciclopédica			Linguística									Total de pontos	
	Classif	Uso do gênero	Con	Fid	Tít	Nar	Temp e Esp	T. ver	Org seq	M sub.	Marc diál	Par	Exten	Pont		
31	narração	2	2	2	2	2	2	2	2	1	1	0	0	1	19	73,08
32	narração	2	2	2	2	2	2	2	2	1	1	2	2	2	24	92,31
33	narração	2	2	2	2	2	2	2	2	2	1	2	2	1	24	92,31
34	narração	2	2	2	2	2	1	2	2	0	2	0	2	2	21	80,77
35	narração	2	2	2	2	1	0	1	1	0	0	1	0	1	13	50
36	narração	1	1	1	2	2	1	2	1	0	0	0	2	1	14	53,85
37	narração	2	2	2	2	2	2	2	2	1	2	0	2	2	23	88,46
38	narração	1	2	1	2	2	1	1	1	0	1	1	0	0	13	50
39	narração	1	0	1	2	1	0	1	1	0	1	1	2	2	13	50
40	narração	2	2	2	2	2	0	1	1	0	0	1	1	1	15	57,69
41	narração	1	0	1	1	2	0	1	0	0	2	0	2	1	11	42,31
42	narração	1	1	1	2	1	0	1	0	0	1	1	2	1	12	46,15
43	narração	2	1	2	0	1	1	1	1	0	0	1	1	1	12	46,15
44	narração	1	1	0	1	1	0	2	1	0	1	2	2	1	13	50
45	narração	2	2	2	2	2	1	2	2	1	0	0	2	2	20	76,92
46	narração	1	0	0	2	1	1	1	1	0	0	2	0	0	9	34,62
47	narração	2	1	1	2	2	1	1	1	1	0	2	2	2	18	69,23
48	narração	2	2	2	2	2	1	2	2	2	0	2	2	2	23	88,46
49	narração	2	2	2	2	2	2	2	2	1	1	2	2	2	24	92,31
50	narração	2	2	2	2	2	1	1	1	0	1	1	2	1	18	69,23
51	narração	2	2	2	2	2	2	2	2	1	0	2	1	1	21	80,77
52	narração	2	2	2	2	2	2	2	2	1	2	2	2	2	25	96,15
53	narração	2	1	2	2	2	1	2	2	0	2	1	2	2	21	80,77
54	narração	2	1	1	2	2	1	2	1	0	1	1	2	1	17	65,38
55	narração	2	1	2	2	2	1	2	1	0	1	2	2	2	20	76,92
56	narração	2	1	2	2	2	1	2	1	1	2	2	2	2	22	84,62
57	narração	2	1	2	2	2	1	2	1	0	1	1	2	2	19	73,08
58	narração	2	1	2	2	2	1	2	1	1	1	1	2	2	20	76,92
59	narração	2	1	2	2	0	1	1	1	0	0	1	1	1	13	50
60	narração	2	0	1	0	1	0	1	1	0	0	1	1	1	9	34,62

APÊNDICE L: Comparação da pontuação final entre a avaliação inicial e final – grupo A (manhã)

	Avaliação Inicial - Grupo A								Avaliação Final - Grupo A							
		Genérica		Enciclopédica		Linguística		Total de pontos		Genérica		Enciclopédica		Linguística		Total de pontos
S	Classif.	Uso do gênero	%	P	%	P	%	P	%	Classif.	Uso do gênero	%	P	%	P	%	P	%
1	exp. / narr	1	50	4	66,67	3	16,67	8	30,76	narração	1	50	5	83,33	6	33,33	12	46,15
2	narração	2	100	4	66,67	11	61,11	17	65,38	narração	1	50	4	66,67	4	22,22	9	34,62
3	narração	1	50	2	33,33	9	50	12	46,15	narração	1	50	5	83,33	9	50	15	57,69
4	exposição	0	0	2	33,33	1	5,56	3	11,54	narração	1	50	3	50	4	22,22	8	30,76
5	narração	0	0	2	33,33	5	27,78	7	26,92	narração	1	50	5	83,33	6	33,33	12	46,15
6	narração	0	0	4	66,67	7	38,89	11	42,31	narração	1	50	5	83,33	8	44,44	14	53,85
7	narração	0	0	2	33,33	3	16,67	5	19,23	narração	1	50	6	100	6	33,33	13	50
8	narração	1	50	4	66,67	4	22,22	9	34,62	narração	1	50	5	83,33	7	38,89	13	50
9	narração	1	50	5	83,33	16	88,89	22	84,62	narração	1	50	5	83,33	13	72,22	19	73,08
10	narração	0	0	3	50	7	38,89	10	38,46	narração	1	50	6	100	9	50	16	61,54
11	narração	1	50	5	83,33	8	44,44	14	53,85	narração	2	100	6	100	9	50	17	65,38
12	narração	0	0	2	33,33	4	22,22	7	26,92	narração	1	50	4	66,67	3	16,67	8	30,76
13	narração	1	50	5	83,33	10	55,55	16	61,54	narração	2	100	6	100	11	61,11	19	73,08
14	narração	0	0	3	50	8	44,44	11	42,31	narração	1	50	4	66,67	5	27,78	10	38,46
15	narração	1	50	5	83,33	7	38,89	13	50	narração	2	100	5	83,33	14	77,78	21	80,77
16	narração	0	0	2	33,33	7	38,89	9	34,62	narração	2	100	5	83,33	15	83,33	22	84,62
17	narração	1	50	4	66,67	14	77,78	19	73,08	narração	2	100	5	83,33	9	50	16	61,54
18	narração	0	0	0	0	2	11,11	2	7,69	narração	1	50	3	50	5	27,78	9	34,62
19	narração	2	100	5	83,33	8	44,44	17	65,38	narração	2	100	6	100	15	83,33	23	88,46
20	narração	2	100	5	83,33	8	44,44	15	57,69	narração	2	100	6	100	9	50	17	65,38
21	narração	0	0	3	50	4	22,22	7	26,92	narração	1	50	3	50	4	22,22	8	30,76
22	narração	2	100	4	66,67	7	38,89	13	50	narração	1	50	4	66,67	5	27,78	10	38,46
23	narração	1	50	5	83,33	8	44,44	14	53,85	narração	2	100	6	100	11	61,11	19	73,08
24	narração	1	50	2	33,33	7	38,89	10	38,46	narração	1	50	4	66,67	6	33,33	11	42,31
25	narração	1	50	3	50	6	33,33	10	38,46	narração	2	100	6	100	15	83,33	23	88,46
26	narração	1	50	1	16,67	5	27,78	7	26,92	narração	2	100	5	83,33	7	38,89	14	53,85
27	narração	1	50	1	16,67	8	44,44	10	38,46	narração	1	50	3	50	5	27,78	9	34,62
28	narração	1	50	2	33,33	4	22,22	7	26,92	narração	1	50	4	66,67	5	27,78	10	38,46
29	narração	1	50	3	50	8	44,44	12	46,15	narração	1	50	4	66,67	5	27,78	10	38,46
30	narração	0	0	1	16,67	4	22,22	5	19,23	narração	1	50	3	50	3	16,67	7	26,92

APÊNDICE M: Comparação da pontuação final entre a avaliação inicial e final – grupo B (tarde)

S	Avaliação Inicial - Grupo B								Avaliação Final - Grupo B							
	Genérica		Enciclopédica		Linguística		Total de pontos		Genérica		Enciclopédica		Linguística		Total de pontos	
	Classif.	Uso do gênero	%	P	%	P	%	P	%	Classif.	Uso do gênero	%	P	%	P	%	P	%
31	narração	2	100	5	83,33	10	55,55	17	65,38	narração	2	100	6	100	11	61,11	19	73,08
32	narração	1	50	1	16,67	7	38,89	9	34,62	narração	2	100	6	100	16	88,89	24	92,31
33	narração	2	100	3	50	8	44,44	13	50	narração	2	100	6	100	16	88,89	24	92,31
34	narração	1	50	3	50	6	33,33	10	38,46	narração	2	100	6	100	13	72,22	21	80,77
35	narração	0	0	1	16,67	2	11,11	3	11,54	narração	2	100	6	100	5	27,78	13	50
36	exposição	0	0	1	16,67	2	11,11	3	11,54	narração	1	50	4	66,67	9	50	14	53,85
37	narração	2	100	1	16,67	9	50	12	46,15	narração	2	100	6	100	15	83,33	23	88,46
38	exposição	1	50	0	0	3	16,67	4	15,38	narração	1	50	5	83,33	7	38,89	13	50
39	exp./narr	0	0	0	0	3	16,67	3	11,54	narração	1	50	3	50	9	50	13	50
40	narração	2	100	3	50	8	44,44	13	50	narração	2	100	6	100	7	38,89	15	57,69
41	narração	1	50	4	66,67	6	33,33	11	42,31	narração	1	50	2	33,33	8	44,44	11	42,31
42	narração	1	50	3	50	4	22,22	8	30,76	narração	1	50	4	66,67	7	38,89	12	46,15
43	exp./narr	0	0	4	66,67	8	44,44	12	46,15	narração	2	100	3	50	7	38,89	12	46,15
44	narração	1	50	4	66,67	3	16,67	8	30,76	narração	1	50	2	33,33	10	55,55	13	50
45	narração	2	100	4	66,67	7	38,89	13	50	narração	2	100	6	100	12	66,67	20	76,92
46	narração	1	50	3	50	6	33,33	10	38,46	narração	1	50	2	33,33	6	33,33	9	34,62
47	exp./narr	1	50	0	0	6	33,33	7	26,92	narração	2	100	4	66,67	12	66,67	18	69,23
48	exposição	0	0	0	0	1	5,56	1	3,85	narração	2	100	6	100	15	83,33	23	88,46
49	narração	2	100	5	83,33	13	72,22	20	76,92	narração	2	100	6	100	16	88,89	24	92,31
50	narração	1	50	2	33,33	4	22,22	7	26,92	narração	2	100	6	100	10	55,55	18	69,23
51	exp./narr	1	50	2	33,33	2	11,11	5	19,23	narração	2	100	6	100	13	72,22	21	80,77
52	narração	2	100	4	67,67	14	77,78	20	76,92	narração	2	100	6	100	17	94,44	25	96,15
53	narração	1	50	4	66,67	9	50	14	53,85	narração	2	100	5	83,33	14	77,77	21	80,77
54	descrição	1	50	0	0	6	33,33	7	26,92	narração	2	100	4	66,67	11	61,11	17	65,38
55	exposição	0	0	0	0	4	22,22	4	15,38	narração	2	100	5	83,33	13	72,22	20	76,92
56	narração	2	100	4	66,67	8	44,44	14	53,85	narração	2	100	5	83,33	15	83,33	22	84,62
57	narração	1	50	3	50	7	38,89	11	42,31	narração	2	100	5	83,33	12	66,67	19	73,08
58	narração	0	0	2	33,33	3	16,67	5	19,23	narração	2	100	5	83,33	13	72,22	20	76,92
59	narração	1	50	5	83,33	9	50	15	57,69	narração	2	100	5	83,33	6	33,33	13	50
60	narração	0	0	2	33,33	4	22,22	6	23,08	narração	2	100	1	16,67	6	33,33	9	34,62

APÊNDICE N: Pontuação obtida nos encontros dos Programas de Promoção de Narrativas Escritas – grupo A (manhã)

s	1	2	3	4	5	6	7	8	9	10	11	12	13	14	freq	%
1		4		4	4	2	3	4	4	4		4			9	64,29
2			3	4	3	3	2		4	4	3	5		5	11	78,57
3		4	4	4	4	4	4		4	4	3		4		10	71,43
4	3	3	3	3	3	3	4	3	3		3		3	3	12	85,71
5		4	4	4	4	3	3		3	4	3	4		3	11	78,57
6		4		4	4	4	6	3	6	5		5	2	5	11	78,57
7		3		4		4	3	4	4	4	3	4		3	11	78,57
8		4	4		4	3		3	4			4			7	50%
9		4	4	4	4	3	2	4	4	4	4	4		3	12	85,71
10	3	3	3	4	3	3	3	3	4	3	3	3	3	4	14	100
11	3	4	3	4	3	4	4	4	4	3	3	2	6	6	14	100
12	4	0		3	0	3	4	3	4	3	4	6		4	12	85,71
13	6	4	6	6	5	3	6	3	6	5	3	6		4	13	92,86
14		0	4	4	0	4		4	6	3	1	4	3	3	12	85,71
15	4	4	6	4	4	4	0	3	6	3	3	4	0	3	14	100
16	4	4	4		4	4	4		4	3		4		6	10	71,43
17	5	6	4	6	3	3		4	4	3	6	6	3	6	13	92,86
18	3	3	3	3	3	4	3	3	4	2	4	1	4		14	100
19	6	4	6	4	5	4	4	4	4	6	4	6	0	4	14	100
20		4	4	4	4	6	6	4	4	3	3	6		5	12	85,71
21	3	4		4	3	3	1	3	4	3	1		3	3	13	92,86
22	4	4	4	4	4	3	1		4		4		4	3	11	78,57
23	4	3	4	3	4	0	0	4		4	4	1	3	3	13	92,86
24	4	3	0	3	3	3	4	4	4	3	4	4	6	3	14	100
25	0	4	4	3	0	4	6	5	4	3	6	4		5	13	92,86
26		4	3	3	4	4		3	4	3		4		3	10	71,43
27	4	3	4		4	0	3	4	3	2	2	3	1	4	13	92,86
28	0	0	0	0	3	3	4	4	2	3	4		4	3	13	92,86
29	4	4	4		3	3		3	4	4		2		6	11	78,57
30	1	4	4	3	4	0	0	3	4	2	0	4	4	4	14	100

APÊNDICE O: Pontuação obtida nos encontros dos Programas de Promoção de Narrativas Escritas – grupo B (tarde)

s	1	2	3	4	5	6	7	8	9	10	11	12	13	14	freq	%
31		4	4	4	5	3	6	5	4	5	6	6	4	6	13	92,86
32	4	0	4	4	3	4	4	4	0	3	6	6	4	6	12	85,71
33		2	4	4	4	6	4	6	5	0	6	3	4	0	12	85,71
34	3	3	3	4	3	3	0	4	4	0	0	4	4	3	13	92,86
35	4	3	3		4	4	4	2	0	1	0	4	0	0	10	64,28
36	4	4	4	4	3	4	4	3	4	0	6	4	4	4	13	92,86
37	4	2	4	4	6	4	6	4	2	4	6	6	4	4	14	100
38		3	4	4	1	0	1		2	2	6	4	3	0	11	78,57
39	4	3	4	0	4	3	4	4	4	4	6	4	3	4	14	100
40		4	4	4	2	4	4	6	6	5	2	6	6	6	13	92,86
41	4	3	4	0	4	3	4	4	4	4	6	6	0	0	5	12	85,71
42	3	3	4	3	0	1	4	4	4	3	1	4	4	4	14	100
43	4	4	0	0	4	4	0	4	4	0	3	4	6	3	14	100
44	3	4	4	3	4	4	6	3	4	0	0	4	6	6	12	85,71
45	4	4	4	4	6	6	6	4	4	6	6	6	6	5	14	100
46	4	3	3	0	4	4	4	0	4	4	0	0	3	4	13	92,86
47	4	4	4	4	3	6	4	4	6	6	6	6	5	5	14	100
48	0	0	0	1	4	4	4	4	4	4	4	4	4	4	11	78,57
49	6	2	2	2	2	6	2	0	2	0	6	2	2	6	13	92,86
50	4	4	3	3	4	2	2	6	1	0	6	4	2	4	14	92,86
51	4	4	3	3	4	4	4	6	4	4	4	6	4	4	14	100
52	4	6	6	4	4	6	6	4	4	0	6	6	6	4	13	92,86
53	4	3	4	1	3	4	4	4	4	4	6	6	4	6	14	100
54	4	4	4	0	4	4	4	4	0	4	4	4	2	6	12	85,71
55	4	3	4	0	4	1	4	4	4	0	4	6	0	4	11	78,57
56	4	4	4	3	4	4	6	4	4	4	0	6	4	3	13	92,86
57	4	2	2	0	4	1	6	4	4	6	6	6		4	12	85,71
58	4	0	4	4	4	4	4	0	4	4	6	4	4	3	12	85,71
59	0	4	3	4	4	4	2	3	4	4	0	4	4	4	12	85,71
60	0	3	3	4	4	4	0	4	1	4	2	6	5	3	12	85,71